W0064305

Buch

Im Beruf und im Privatleben gibt es oft Situationen, in denen man sich unterbuttern lässt. Aufgeregtes Lautwerden und hilfloses Verstummen helfen dann nicht weiter.

Barbara Berckhans sanfte, aber nachdrückliche Methode ermöglicht es, würdevoll aufzutreten, sich klar auszudrücken und fair durchzusetzen – in jeder Lebenslage.

Autorin

Barbara Berckhan ist Kommunikationstrainerin und Sachbuchautorin – die Expertin für Selbstsicherheit und gute Kommunikation. Sie hat Pädagogik und Psychologie studiert, seit über 20 Jahren hält sie Vorträge und führt Trainingsseminare in Firmen, Behörden und Verbänden durch. Ihre Bücher wurden in 12 Sprachen übersetzt und haben eine Gesamtauflage von über 1,5 Mio. Exemplaren.

Barbara Berckhan lebt in der Nähe von Hamburg.

Barbara Berckhan

Sanfte Selbstbehauptung

Die 5 besten Strategien,
sich souverän durchzusetzen

GOLDMANN

Dieses Buch ist bereits in ähnlicher Form unter der Nummer 17044 im Goldmann Verlag erschienen.

Penguin Random House Verlagsgruppe FSC® N001967

12. Auflage
Vollständige Taschenbuchausgabe September 2016
Wilhelm Goldmann Verlag, München,
in der Penguin Random House Verlagsgruppe GmbH,
Neumarkter Straße 28, 81673 München
Copyright © 2006 Kösel Verlag,
in der Penguin Random House Verlagsgruppe GmbH,
Neumarkter Str. 28, 81673 München
Umschlag: Uno Werbeagentur, München
Umschlagmotiv: FinePic®, München
Illustrationen: Monica May
Satz: Buch-Werkstatt GmbH, Bad Aibling
Druck und Bindung: GGP Media GmbH, Pößneck
JE · Herstellung: IH
Printed in Germany
ISBN 978-3-442-17611-3
www.goldmann-verlag.de

Besuchen Sie den Goldmann Verlag im Netz

Inhalt

Einleitung

Sanfte Selbstbehauptung bedeutet gelassen bleiben, würdevoll auftreten und sich klar ausdrücken – ohne dabei den anderen anzugreifen. Entschlossene Eleganz statt aufgeregtes Geschrei. Klare Kommunikation statt hilfloses Verstummen.

Damit Ihnen das mühelos gelingt, finden Sie in diesem Buch fünf der besten Strategien. Es sind einfache und zugleich kraftvolle Strategien, die Goldadern der Selbstbehauptung. Alle fünf Selbstbehauptungsstrategien kommen aus unserem alltäglichen Leben. Es ist das, was selbstsichere Menschen tun, wenn sie sich gelassen durchsetzen. Und wenn Sie selbstsicher sind, benutzen Sie – vielleicht unbewusst – auch eine dieser Strategien.

Diese natürlichen Selbstbehauptungsstrategien habe ich im Laufe der letzten zwölf Jahre in meiner Arbeit als Kommunikationstrainerin entdeckt und daraus ein Trainingsprogramm zusammengestellt. Mithilfe der Rückmeldungen von meinen Teilnehmern wurden diese Strategien immer wieder poliert und verbessert, um sie noch brauchbarer zu machen. In diesem Buch finden Sie das Ergebnis dieser jahrelangen Polierarbeit.

In meinen Trainings und in meinen Büchern werde ich gern praktisch. Ich bevorzuge handfeste Anleitungen. Anleitungen, in denen die Sache mit der Selbstbehauptung detailliert erklärt wird, so wie bei einem Kochrezept. Da weiß man, welche Zutaten gebraucht werden und was zu tun ist. Solche

praktischen Rezepte finden Sie hier für jede der fünf Selbstbehauptungsstrategien. Ich mache sogar Vorschläge, mit welchen Worten Sie sich ausdrücken können und welche Formulierungen besonders wirksam sind.

Ihre Aufgabe ist es, diese Strategien so abzuwandeln, dass
sie zu Ihnen passen und zu der Person, mit der Sie gerade reden. Wenn Sie beispielsweise ein schüchterner, eher leiser
Mensch sind, werden Sie vielleicht einiges noch viel sanfter
ausdrücken als ich. Und wenn Sie eher eine raue Sprechweise
bevorzugen oder es oft mit Rabauken zu tun haben, werden
Sie womöglich viel frecher auftreten, als ich es Ihnen hier vorschlage. Das ist kein Problem. In jedem Kapitel bekommen
Sie beim Lesen ein Gefühl für die jeweilige Selbstbehauptungsstrategie. Und Sie bekommen jede Menge Tipps, wie Sie
sich damit durchsetzen können. Das alles sind nur Anregungen, keine Vorschriften. Lassen Sie sich von der jeweiligen
Strategie inspirieren und übersetzen Sie das, was ich Ihnen
vorschlage, in Ihren eigenen Stil. Dann wirkt Ihre Selbstbehauptung nicht mehr wie eine aufgesetzte Strategie, sondern
wird zu einem Teil Ihrer Persönlichkeit. Am Ende geht es
darum, dass Sie sich mit einer ruhigen Selbstverständlichkeit
durchsetzen können. Also kein übertriebener Kraftakt und
kein künstliches Tamtam, sondern eine gelassene Selbstsicherheit, mit der Sie ungezwungen und überzeugend auftreten.

Beim Lesen werden Sie feststellen, dass alle fünf Strategien
miteinander verbunden sind. Bei der ersten Strategie geht es
um Ihre Körpersprache und Ihre Ausstrahlung. Ihre selbstsichere Körpersprache ist das Fundament für die übrigen
Strategien. Bei der zweiten Strategie geht es darum, dass
Sie Ihre Wünsche deutlich aussprechen. Diese Strategie hilft
Ihnen, klar zu sagen »Ja, das will ich!« Und dann kommt die
dritte Strategie, mit der Sie deutlich sagen können: »Nein, das
will ich nicht!« Das ist die Strategie, mit der Sie eine Grenze
ziehen und andere Menschen in die Schranken verweisen

können. Falls Ihre Wünsche oder Ihr Nein nicht richtig bei Ihrem Gegenüber ankommen, brauchen Sie noch eine Strategie, mit der Sie energisch werden können. Das ist die höfliche Hartnäckigkeit, die vierte Selbstbehauptungsstrategie. Zu guter Letzt kommt die fünfte und wohl wichtigste Strategie dran: Das beherzte Selbstvertrauen. Das brauchen Sie immer, egal ob Sie sich durchsetzen oder nicht.

Ich hoffe, dieses Buch stärkt Ihnen den Rücken und ermuntert Sie, im Alltag mehr Selbstbehauptung zu wagen. Beim Lesen wünsche ich Ihnen viel Spaß.

Die erste
Selbstbehauptungsstrategie:
Die königliche Muthaltung

Sie werden von Ihren Mitmenschen gescannt. Jeder, der Sie anschaut, beobachtet Ihre Körpersprache und bekommt auf diese Weise einen ersten Eindruck von Ihnen. Noch bevor Sie den Mund aufmachen und »Hallo« sagen, hat Ihr Gegenüber Sie bereits eingeschätzt. In der Regel geschieht das unbewusst, das heißt, es geschieht automatisch.

Durch Ihre Körpersprache zeigen Sie wortlos, wie es Ihnen geht.

In unserem Gehirn ist ein uralter Automatismus eingebaut, der sofort überprüft, ob unser Gegenüber mächtig und bedrohlich oder eher harmlos ist. Dieses automatische Einschätzen des anderen war früher, in den Anfängen der Menschheit, wichtig, um Freund und Feind blitzschnell zu unterscheiden. Und das Ganze funktioniert immer noch. Dabei scannen wir beim anderen weitaus mehr als nur seine Gefährlichkeit. Wir merken auch, ob jemand angespannt, nervös oder unsicher ist. Und ob unser Gegenüber sich für uns interessiert, ob er freundlich ist oder nur so tut, als wäre er freundlich.

Dieser Vorgang läuft unbemerkt ab und hat oft auch keine weiteren Auswirkungen. Es ist für uns nicht weiter von Bedeutung, ob der Typ in der U-Bahn neben uns nervös oder desinteressiert auf uns wirkt. Solange er nicht die Zähne fletscht und uns anknurrt, ist es uns egal, was er ausstrahlt.

Anders sieht die Sache aus, wenn wir mit unseren Mitmenschen mehr zu tun haben. Zum Beispiel bei einem Bewerbungsgespräch oder wenn wir einen Kollegen um etwas bitten. In solchen Situationen spielt die Körpersprache eine wichtige Rolle.

Was wir ohne Worte sagen

Achten Sie in wichtigen Gesprächen auf Ihre Körpersprache.

Stellen Sie sich folgende Situation vor: Sie sprechen mit Ihrem Chef und wollen ihn davon überzeugen, dass Sie die Idealbesetzung für die neue Stelle als Bereichsleiter/in sind. Ihr Chef fragt Sie skeptisch, ob Sie sich so eine Führungsposition auch zutrauen. Sie antworten mit einem überzeugenden »Na klar!« und dann erzählen Sie von Ihren Erfahrungen und Qualifikationen. Aber weil Ihnen Ihre Körpersprache nicht bewusst ist, merken Sie nicht, wie Sie auf dem Stuhl leicht zusammensacken und dabei nervös an Ihrem Fingerring drehen. Und während Sie sprechen, schauen Sie fast nur auf den Teppichboden. Aber Ihr Chef nimmt das alles wahr. Er hört Ihre Worte und sieht zugleich auch die Signale, die Ihr Körper ausstrahlt. Beides zusammen ergibt den Eindruck, den er von Ihnen hat. Und egal wie überzeugend Ihre Worte auch waren, auf Ihren Vorgesetzten haben Sie einen unsicheren Eindruck gemacht. Ihr Chef wird skeptisch sein, ob Sie wirklich für diese Leitungsposition geeignet sind. Wahrscheinlich kassieren Sie ein Nein.

**Ihre Körpersprache zeigt ständig,
wie selbstsicher Sie sind.**

Das kann Ihnen nicht nur in einem Bewerbungsgespräch passieren, sondern überall da, wo Sie sich durchsetzen wollen. Gerade wenn wir ein wenig aufgeregt sind, entschlüpfen unserer Körpersprache schnell ein paar Signale der Unsicherheit. Und da wir die meiste Zeit überhaupt nicht bewusst auf unsere Körpersprache achten, bemerken wir diese Unsicherheitssignale in der Regel nicht. Unser Gegenüber aber sieht unsere Körpersprache und reagiert darauf.

Die unsichere Haltung
im Sitzen

Wenn es darum geht, sich durchzusetzen, ist eine selbstsichere Körpersprache weit mehr als die halbe Miete. Selbst wenn Ihnen beim Sprechen mal ein Wort nicht einfällt oder Sie den Faden verlieren, ist das nicht weiter schlimm, solange Sie dabei eine souveräne und sichere Ausstrahlung haben. Denn Ihre selbstsichere Ausstrahlung sorgt dafür, dass Ihr Gegenüber einen solchen Patzer überhört. Wenn Sie aber dasitzen wie ein Schluck Wasser in der Kurve und ständig an Ihrer Jacke herumzupfen, kommt selbst eine perfekte Rede beim anderen kaum an. Denn instinktiv glauben wir der Körpersprache mehr als den gesprochenen Worten.

Ob Sie glaubwürdig und überzeugend wirken, hängt größtenteils von Ihrer Körpersprache ab.

Ich habe eine Selbstbehauptungsstrategie entwickelt, die Ihnen hilft, Ihre Körpersprache bewusst einzustellen: die königliche Muthaltung.

Mit der Strategie der königlichen Muthaltung können Sie ...
... Ihre Ausstrahlung so verändern, dass Sie selbstsicher wirken, auch wenn Sie sich innerlich eher unsicher fühlen,
... dafür sorgen, dass man Sie ernst nimmt und Ihnen zuhört,
... Ihre persönliche Autorität und Ihre Glaubwürdigkeit erhöhen,
... ruhiger und überzeugender mit anderen Menschen reden,
... Ihr Selbstvertrauen stärken und zugleich Ihre Nervosität abbauen,
... in Gesprächen besser nachdenken und überlegter antworten.

Die königliche Muthaltung ist eine Selbstbehauptungsstrategie, die einen doppelten Nutzen hat, weil sie in zwei Richtungen wirkt. Einerseits sorgt sie dafür, dass Sie nach außen hin einen souveränen Eindruck auf Ihren Gesprächspartner machen. Andererseits wirkt diese Strategie auch nach innen, auf Sie selbst. Sie selbst fühlen sich innerlich sicherer, wenn Sie ganz bewusst in Ihre königliche Muthaltung gehen.

Die königliche Muthaltung macht Sie auch innerlich sicherer.

Denn Ihre Körpersprache wirkt sich immer auch auf Sie selbst aus. Das unsichere Herumfummeln an der Kleidung macht Sie selbst nervös. Und wenn Sie eingeknickt sitzen, fühlen Sie sich nach einiger Zeit immer kleiner und mutloser. Umgekehrt werden Sie durch eine würdevolle Körperhaltung innerlich ruhiger, und mit der Zeit fühlen Sie sich auch selbstbewusster.

Und wie sehen Sie aus, wenn Sie unsicher sind?

Bevor ich Ihnen zeige, wie Sie in Ihre eigene königliche Muthaltung kommen, möchte ich Sie zuerst auf Ihre gewohnte, alltägliche Körpersprache aufmerksam machen.

Was tut Ihr Körper normalerweise, wenn Sie sich gehemmt, schüchtern oder nervös fühlen? Wo zeigt sich bei Ihnen Anspannung, vielleicht auch Ängstlichkeit?

Die häufigsten Unsicherheitssignale finden Sie in der nun folgenden Liste. Vielleicht gibt es da den einen oder anderen Punkt, der auch auf Sie zutrifft.

Die unsichere, nervöse Körpersprache

- Die Haltung ist nicht ganz aufrecht. Der Rücken ist geknickt, und der Brustkorb ist häufig etwas eingesunken. Manche Menschen machen sich im Sitzen oder Stehen insgesamt kleiner und schmaler, als sie tatsächlich sind.
- Der Blickkontakt zum Gegenüber findet gar nicht oder zu selten statt.
- Häufig werden auch die Schultern ein wenig hochgezogen.

- Der Kopf wird wenig bewegt, der Blick geht meist starr in eine Richtung. In der Mimik zeigt sich manchmal ein übertriebenes Hab-mich-lieb-Lächeln oder ein unsicheres Kauen auf den Lippen.
- Beim Stehen wird das Körpergewicht auf ein Bein verlagert, das unbelastete Bein wird hinter oder vor dem anderen Bein gekreuzt.
- Die Schultern gehen nach vorn etwas zusammen, so, als wollte man sich einigeln. Dadurch wird die Atmung behindert, und die Stimme klingt schwächer und gepresster.
- Hinzu kommen alle möglichen Nervositätsgesten, wie
  - am Schmuck herumspielen,
  - die Kleidung immer wieder zurechtrücken,
  - mit den Füßen wippen,
  - auf dem Stuhl hin und her rutschen,
  - an den Haaren herumzupfen,
  - das andauernde Drücken eines Kugelschreibers.

Unsichere Haltung
im Stehen

Beim Lesen dieser Liste von Unsicherheitssignalen fiel Ihnen vielleicht auf, dass Ihnen hin und wieder auch ein solches Unsicherheitssignal entschlüpft. Wenn Sie das bei sich bemerken, denken Sie daran, dass Unsicherheit kein Fehler ist. Es ist einfach nur ein vorübergehendes Gefühl, von dem wir alle zeitweilig erfasst werden. Also verurteilen Sie sich nicht dafür. Es ist nichts verkehrt an Ihnen, wenn Sie nervös oder unsicher sind.

Vielleicht merken Sie sogar, dass Sie einige von diesen Unsicherheitssignalen auch dann produzieren, wenn Sie gar nicht unsicher sind. Körpersprache ist nämlich zum Teil auch pure Angewohnheit. Das Zwirbeln einer Haarsträhne, das Herumspielen an den Ohrringen, ein leicht gekrümmter Rücken beim Sitzen – das ist irgendwann bei Ihnen entstanden und läuft seitdem einfach automatisch weiter. Natürlich nur so lange, bis Sie dazwischengehen und die Gewohnheit stoppen.

Sorgen Sie am Anfang eines Gespräches dafür, dass Sie nicht allzu nervös herumzappeln.

Keine Angst, Sie müssen sich nicht pausenlos zusammenreißen. Oft reicht es schon, wenn Sie zu Beginn eines Gespräches das Herumzappeln vermeiden oder eine nervöse Angewohnheit unter Kontrolle bringen. Das allein sorgt schon dafür, dass Sie souveräner wirken. Wenn Sie aber ganz auf die sichere Seite gehen wollen, dann nutzen Sie die königliche Muthaltung. Mit dieser Strategie stellen Sie sich von Kopf bis Fuß auf Selbstsicherheit ein.

So sitzen, stehen und gehen Sie selbstsicher

Zwei Möglichkeiten, wie Sie Ihre königliche Muthaltung aufbauen können, möchte ich Ihnen vorstellen: Die erste Anleitung beschreibt ausführlich, wie Sie schrittweise Ihre Körpersprache neu einstellen können, die zweite Anleitung ist ein Schnelldurchlauf, der dafür sorgt, dass Sie innerhalb von Sekunden in Ihre Muthaltung kommen. Am besten nutzen Sie diese beiden Anleitungen hintereinander. Zuerst lesen Sie Punkt für Punkt die ausführliche Anleitung durch. Und im Schnelldurchlauf können Sie Ihre Muthaltung gleich praktisch ausprobieren.

Selbstbehauptungsstrategie: Die königliche Muthaltung

1. Nehmen Sie so viel Platz in Anspruch, wie Sie brauchen

Machen Sie sich nicht kleiner und schmaler, als Sie sind. Lassen Sie Ihren Rücken so lang sein, wie er ist. Für eine selbstsichere Körpersprache ist es wichtig, dass Sie sich zeigen, und zwar in Ihrer vollen Größe. Sie brauchen beim Sitzen eine gewisse Sitzfläche auf dem Stuhl oder im Sessel, und die nehmen Sie auch ein. Quetschen Sie sich auf keinen Fall auf die Stuhlkante oder in eine Sesselecke. Das Stichwort heißt: *thronen*. Sitzen Sie so, als würden Sie entspannt auf einem Thron sitzen.

2. Bleiben Sie aufrecht und in Ihrer Mitte

Bei Stress und Nervosität ziehen wir oft unsere Schultern ein wenig hoch, quasi als Schutz vor Nackenschlägen. Diese hochgezogenen Schultern führen auf Dauer zu Nacken- und Kopfschmerzen. Also lassen Sie die Schultern bewusst ein Stück tiefer fallen und lassen

Sie sie auch breit werden. So zeigen Sie Ihre volle Würde. Wenn uns ein wenig bange ist, neigen wir dazu, nur noch in eine Richtung zu schauen – wie ein Kaninchen, das bewegungslos auf die Schlange starrt. Um diese Angststarre zu verhindern, sorgen Sie dafür, dass Ihr Kopf aufrecht und beweglich bleibt. Schauen Sie sich um und drehen Sie dabei Ihren Kopf hin und her. Lassen Sie Ihre Arme und Beine in einer bequemen und mittigen Position. Nicht zu weit ausgestreckt, aber auch nicht verschränkt oder an den Körper gepresst. Achten Sie darauf, dass Ihre Füße auch im Sitzen vollen Bodenkontakt haben.

3. Vermeiden Sie Nervositätsgesten

Achten Sie vor allem zu Beginn eines Gespräches darauf, dass Ihnen keine Ihrer typischen Nervositätsgesten entschlüpft. Wenn Sie beispielsweise gern mit einem Fuß wippen, schlagen Sie die Beine möglichst nicht übereinander. Wenn Sie dazu neigen, an Ihrer Armbanduhr oder an den Haaren herumzufummeln, nehmen Sie anfangs eine Mappe mit Notizpapier in beide Hände. Dafür eignet sich am besten eine solide Plastikmappe, denn Pappkarton lässt sich leicht zerpflücken. Ein guter Filzstift ist besser als ein Kugelschreiber, auf dem Sie herumklicken können. Tragen Sie Kleidungsstücke, die von selbst gut sitzen, ohne dass Sie ständig daran herumzupfen müssen. Generell gilt: Sorgen Sie dafür, dass Ihre Kleidung Sie unterstützt und nicht belästigt.

4. Halten Sie Blickkontakt und bleiben Sie entspannt

Schauen Sie Ihrem Gegenüber in die Augen, aber schauen Sie zwischendurch auch mal wieder weg, denn das pausenlose Anstarren des anderen ist auch ein Unsicherheitssignal. Dazu neigen Menschen, denen man gesagt hat, »du musst deinem Gegenüber *immer* in die Augen gucken«, und die jetzt den anderen nur noch krampfhaft anschauen. Hier liegt die Lösung in der Mitte. Schauen Sie Ihrem Gegenüber in die Augen, wenn Sie einen wichtigen, überzeugenden Satz sagen. Es ist aber auch in Ordnung, hin und wieder woanders hinzugucken, zum Beispiel wenn Sie kurz nachdenken oder wenn Ihr Gegenüber eine sehr lange, ausführliche Antwort gibt. Sorgen Sie dafür, dass Sie sich in Ihrer Körperhaltung nicht verkrampfen oder zu sehr anstrengen. Die königliche Muthaltung hat nichts damit zu tun, dass Sie sich Mühe geben oder sich zusammenreißen. Es ist vielmehr eine würdevolle und gelassene Haltung, die mit wenig Muskelkraft auskommt. Also bleiben Sie aufrecht und nehmen Sie unnötige Spannungen aus dem Körper heraus. Atmen Sie mehrmals tief ein und aus.

Jetzt kommt die königliche Muthaltung im Schnelldurchlauf und zwar jeweils im Sitzen, Stehen und beim Gehen. Damit diese Haltung bei Ihnen natürlich aussieht, ist es wichtig, dass Sie die nachfolgenden Anleitungen öfter ausprobieren und zwar zunächst »im Trockenen«. Probieren Sie Ihre Muthaltung einfach mal allein zu Hause aus oder wenn Sie in einen Bus einsteigen oder beim Einkaufen – also in harmlosen Alltagssituationen. Wenn Sie merken, dass Sie damit gut zurechtkommen, gehen Sie los und führen Ihre wichtigen Gespräche und Verhandlungen in Ihrer persönlichen Muthaltung.

Selbstbehauptungsstrategie: Ihre königliche Muthaltung im Schnelldurchlauf

Die königliche Muthaltung im Sitzen

• Nehmen Sie auf dem Stuhl oder im Sessel so viel Sitzfläche ein, wie Sie brauchen. Quetschen Sie sich nicht an den Rand oder in eine Ecke.

- Setzen Sie sich so hin, dass Ihr Rücken gerade und lang sein kann. Wenn Sie wollen, nutzen Sie die Rückenlehne als Unterstützung.
- Lassen Sie Ihre Schultern breit werden und ein wenig tiefer fallen.
- Schlagen Sie Ihre Beine nicht übereinander. Stellen Sie Ihre beiden Füße auf den Boden, ohne sie unter dem Stuhl zu verstecken.
- Verschränken Sie Ihre Arme nicht, sondern lassen Sie sie locker auf der Armlehne liegen oder legen Sie Ihre Hände zunächst auf Ihren Oberschenkeln ab. Wenn Sie wollen, können Sie auch eine Mappe in die Hand nehmen.
- Vermeiden Sie Nervositätsgesten, und nesteln Sie nicht an sich herum.
- Halten Sie Blickkontakt zu Ihrem Gegenüber, aber starren Sie den anderen nicht pausenlos an.
- Atmen Sie entspannt, und strahlen Sie Ihre natürliche Würde aus.

Die königliche Muthaltung im Stehen

- Lassen Sie Ihren Rücken so lang sein, wie er ist.
- Lassen Sie Ihre Schultern breit sein und etwas tiefer herunterfallen.
- Tragen Sie den Kopf oben, frei beweglich.
- Stehen Sie bequem auf beiden Beinen.
- Lassen Sie die Arme einfach locker hängen. Wenn Sie wollen, können Sie eine Mappe in eine Hand nehmen.
- Vermeiden Sie Nervositätsgesten, und nesteln Sie nicht an sich herum.
- Halten Sie Blickkontakt zu Ihrem Gegenüber, aber starren Sie die Person nicht pausenlos an.
- Atmen Sie entspannt, und strahlen Sie Ihre natürliche Würde aus.

Die königliche Muthaltung beim Gehen

- Rennen Sie nicht und huschen Sie nicht, sondern schreiten Sie, als wären Sie von Adel.
- Bewegen Sie sich ruhig und mit Bedacht.

- Lassen Sie Ihren Kopf oben.
- Entspannen Sie Ihr Gesicht.
- Sorgen Sie dafür, dass Ihre Schultern tief und breit sind.
- Lassen Sie Ihre Arme frei mitschwingen.

Zeigen Sie Ihre natürliche Würde

Wenn Sie diese Selbstbehauptungsstrategie ausprobieren, merken Sie, wie klar und einfach sie ist. Eigentlich besteht sie hauptsächlich im Weglassen. Sie lassen alles weg, was Sie klein macht, was Sie einschränkt, einknickt, runterzieht oder was einen zappeligen Eindruck macht. Damit finden Sie zu dem zurück, was schon immer da war: Ihre natürliche, selbstbewusste Haltung. Sie machen sich nicht extra klein, aber auch nicht extra groß. Sie gehen in Ihre Mitte und strahlen Ihre natürliche Würde aus.

Ihre königliche Muthaltung ist nichts Künstliches oder Übertriebenes. Sie ist einfach nur die Haltung, die Sie einnehmen, wenn Sie ganz und gar selbstbewusst sind.

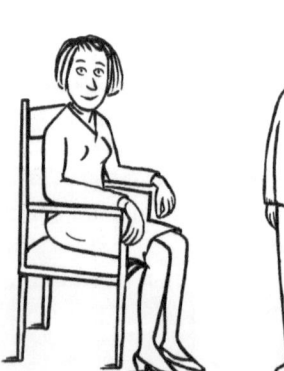

Die königliche
Muthaltung im
Sitzen und im
Stehen

Achten Sie zu Beginn darauf, dass Sie sich in Ihrer Muthaltung nicht anstrengen. Anfänger neigen manchmal dazu, sich besonders viel Mühe zu geben, dadurch aber wirkt ihre Muthaltung zunächst ein wenig verkrampft. Manche sehen dann aus, als wären sie aufgezogene Zinnsoldaten, die strammstehen und die Luft anhalten. Aber Ihre selbstbewusste Mitte ist mühelos. Sie sind einfach nur aufrecht und ganz bei sich. Also entspannen Sie sich, während Sie majestätisch sitzen, stehen oder gehen.

Ihre königliche Muthaltung besteht aus einer aufrechten, entspannten und zugleich würdevollen Körpersprache.

Weil ich von Haus aus Pädagogin bin, hat es mich immer sehr interessiert, wie Menschen – vor allem erwachsene Menschen – leichter etwas Neues lernen können. Dabei ist mir aufgefallen, dass der jeweilige Name einer Selbstbehauptungsstrategie beim Training sehr wichtig ist. Durch einen treffenden Namen kann man sich die jeweiligen Strategien leichter einprägen.

Der Name für diese erste Selbstbehauptungsstrategie kam von einer Teilnehmerin eines meiner Seminare. Damals nannte ich das Ganze einfach nur »die selbstsichere Körperhaltung«. Immer wenn ein Selbstbehauptungstraining zu Ende ging, fragte ich meine Teilnehmer/innen, welche Strategie ihnen am besten gefallen hatte. Einmal antwortete eine Frau sofort: »Am besten war für mich das mit der Körpersprache, wo man sich so mutig hinsetzt. Diese Muthaltung hat richtig Spaß gemacht.« Damit war der Name Muthaltung geboren. Ich fand diese Bezeichnung sehr passend, weil mit dem Wort Mut auch ausgedrückt wird, dass man sich sammelt und seine Kraft bündelt, um etwas anzupacken. Mit Mut verbinden wir auch die Erfahrung, über uns hinauszuwachsen und etwas zu tun, was wir bisher nicht gewagt haben.

**Durch Ihre Muthaltung entsteht
in Ihnen eine ruhige Entschlossenheit
und die Fähigkeit, über sich hinauszuwachsen.**

Das Wort »königlich« kam erst viel später hinzu. Wenn ich in einem Training die Muthaltung erklärte, wiederholte ich immer wieder, was man mit dem Rücken, den Schultern, den Armen und Beinen macht. Bis ich irgendwann entdeckte, dass das Wort »königlich« eine Art Kurzformel ist. Es reicht der Gedanke, *königlich* zu sitzen oder zu stehen und schon kommen der Rücken, die Schultern, die Arme und Beine in die richtige Position. Aber was noch wichtiger ist, man strahlt dabei automatisch eine ruhige Würde aus.

Stellen Sie sich einfach vor, wie eine Queen oder wie ein King auf dem Thron zu sitzen, und schon sind Sie mittendrin in Ihrer königlichen Muthaltung. Wenn Sie das nächste Mal über einen langen Flur gehen, reicht schon der Gedanke an das Wort königlich und Sie fangen an zu schreiten, statt zu huschen. Und statt verlegen zu grinsen, schenken Sie Ihrem Hofstaat ein huldvolles Lächeln.

**Wenn Sie »königlich« sitzen oder
stehen, sind Sie automatisch in einer
würdevollen Haltung. Sie zeigen,
dass Sie respektabel sind.**

Eingeschüchtert sein war gestern

Fühlen Sie sich auch hin und wieder unbehaglich, wenn Sie ein exquisites Geschäft, ein Luxushotel oder ein Nobelrestaurant betreten? An solchen Orten komme ich mir manchmal vor, als wäre ich fehl am Platze. Fast automatisch schaue ich an mir hinunter und stelle fest, dass ich nicht so edel gekleidet bin, wie es die Innendekoration verlangt. Kurzum: Ich bin etwas verunsichert. Wenn Ihnen das auch so geht, können Sie sich ab jetzt freuen, denn in Zukunft ist das Ihr neuer Trainingsplatz. Jedes Nobel-Luxus-Edel-Geschäft ist der passende Rahmen für Ihre königliche Muthaltung. Hier noch ein paar Tipps, die Ihnen beim Üben helfen.

> **Gehen Sie in Ihre königliche Muthaltung, wenn Sie sich eingeschüchtert fühlen.**

Das alltägliche Training der Muthaltung

- Bevor Sie eine Firma, ein Geschäft oder ein Restaurant betreten, gehen Sie in Ihre königliche Muthaltung. Machen Sie einen kurzen Check von Kopf bis Fuß und lassen Sie die majestätische Ausstrahlung in jeden Teil Ihres Körpers fließen.
- Bevor es losgeht, atmen Sie ein paar Mal tief ein und aus. Dadurch klingt Ihre Stimme entspannter und Ihr Gehirn bekommt genügend Sauerstoff.
- Achten Sie darauf, dass Sie Ihre Muskeln nicht unnötig verkrampfen. Sie sind kein Soldat im Kampfeinsatz, sondern Sie treten auf wie eine Queen oder ein King bei einem informellen Empfang. Also bleiben Sie locker.
- Machen Sie sich nicht allzu viele Sorgen darüber, ob Sie die richtigen Worte finden. Ihre königliche Muthaltung wirkt auch auf Sie selbst zurück. In dieser Haltung werden Ihnen die passenden Worte ganz von selbst einfallen. Lassen Sie sich einfach von Ihrer würdevollen Ausstrahlung inspirieren.

Die Verwandlung eines Kükens

Nadine war 26 Jahre alt, als ich sie in einem meiner Selbst-behauptungstrainings kennen lernte. Sie gehörte zu den Menschen, die in einer Gruppe zunächst kaum auffallen. Als sie etwas über sich erzählte, merkte ich, dass es ihr schwerfiel, jemanden anzuschauen. Sie saß ein wenig zusammengesunken auf ihrem Stuhl, und während sie sprach, rutschte sie nervös hin und her, so als würde sie sich aus der Situation herauswinden wollen.

Menschen mit einer unsicheren, verlegenen Körpersprache werden von anderen häufig nicht ernst genommen.

Nadine wollte in dem Selbstbehauptungstraining vor allem eins erreichen: Sie wollte, dass man sie endlich ernst nahm. Weil sie die jüngste Mitarbeiterin war, nannte man sie an ihrem Arbeitsplatz nur das Küken. Für ihre Kollegen war sie die Kleine, die nicht viel zu melden hatte, aber ganz niedlich war. Von diesem Küken-Image wollte Nadine gern loskommen.

Es war der erste Trainingstag und wir beschäftigten uns mit der selbstsicheren Körpersprache. Die königliche Muthaltung gefiel Nadine auf Anhieb. Sie richtete sich beim Sitzen auf und schaute zum ersten Mal alle Teilnehmer direkt an. Würdevoll ging sie durch den Seminarraum und dabei hatte sie sichtlich ihren Spaß. Sie fand schnell ihren eigenen Stil. Der Unterschied zwischen Nadine mit und ohne Muthaltung war gewaltig. In ihrer würdevollen Haltung wirkte sie so selbstsicher, als sei sie eine Präsidentin oder die Chefin einer größeren Firma. An nur einem Vormittag hatte Nadine sich in eine souveräne Queen verwandelt.

**Jeder Mensch hat seinen eigenen Stil,
wenn er seine königliche Muthaltung
einnimmt.**

Das kleine Wunder ereignete sich in der Mittagspause. Für die ganze Gruppe war im Restaurant ein großer Tisch reserviert worden. Dort sollte es ein Vier-Gänge-Menü geben. Nadine hatte beschlossen, auch in der Pause in ihrer königlichen Muthaltung zu bleiben. Und genau in dieser Haltung betrat sie – gemeinsam mit uns – das Restaurant. Am Eingang empfing uns ein Herr im dunklen Anzug. Wie sich herausstellte, war das der neue Restaurantchef. Er steuerte direkt auf Nadine zu, begrüßte sie mit leichter Verbeugung und fragte, ob wir die Seminargruppe seien. Nadine nickte, lächelte milde und antwortete immer noch ganz Queen: »Ja, wir sind die Seminargruppe, und wir sind hungrig.«

Der Restaurantchef fragte Nadine: »Darf ich Sie zu Ihrem Tisch bringen? Wir haben hier am Fenster extra für Sie gedeckt.«

»Ja bitte«, antwortete sie.

Der Restaurantchef ging voraus und Nadine schritt würdevoll hinter ihm her. An einem schön gedeckten Tisch zog er für Nadine einen Stuhl hervor. Sie setzte sich in aller Ruhe hin und bat ihn um die Getränkekarte. Wir setzten uns auch um den Tisch, während der Restaurantchef Nadine die Getränkekarte überreichte. Er wartete, bis sie sich entschieden hatte und dann eilte er davon. Währenddessen verteilten zwei junge Kellner auch an die übrige Gruppe Getränkekarten.

**Ihre würdevolle Ausstrahlung regt
Ihre Mitmenschen dazu an, Sie auch
würdevoll zu behandeln.**

Nadine strahlte, als hätte sie gerade den Hauptgewinn in der Lotterie gewonnen. Sie beugte sich ganz weit zu mir herüber und flüsterte: »Das mit der Muthaltung ist ja klasse! Ich glaube, er hält mich für die Leiterin der Gruppe. Er denkt, ich wäre die Chefin hier.«

»Ja, das glaube ich auch«, flüsterte ich zurück. »Das Chefin-Sein steht Ihnen wirklich gut.«

Es war klar, warum der Restaurantchef ausgerechnet Nadine angesprochen hat. Als wir das Restaurant betraten, suchte er in der Gruppe nach der Person, die am ehesten nach Leitung aussah. Dabei hat er – wahrscheinlich unbewusst – kurz die Körpersprache aller Teilnehmer gescannt. Nadine hatte von uns allen die selbstsicherste Haltung, und sie nahm auch sofort Blickkontakt mit ihm auf. Damit war sie die Person, die am meisten Autorität ausstrahlte. Sie schaffte das, ohne lautstark aufzutrumpfen und ohne sich aufzuplustern. Nur durch ihre Körpersprache signalisierte sie: »Ich bin wichtig«.

Das Ich-bin-wichtig-Signal:
- **aufrechte Haltung**
- **klarer Blickkontakt**
- **ruhige Bewegungen und**
- **ein freundlich-souveräner Gesichts-ausdruck.**

Nadine blieb während des gesamten Trainings in ihrer Muthaltung. Für sie war das die Strategie, die ihr am meisten Selbstsicherheit gab. Sie genoss den Erfolg, den sie damit hatte, und freute sich darauf, so auch an ihrem Arbeitsplatz aufzutreten. Jetzt hatte sie einen Weg gefunden, um das alte Küken-Image loszuwerden.

Der Bambi-Blick und das
Hab-mich-lieb-Lächeln

Es gibt Menschen, die sich im Laufe ihres Lebens eine »nette« Körpersprache angewöhnt haben. Lassen Sie mich kurz erklären, was ich mit dem Wort *nett* meine. Ich meine diese Art von Nettigkeit, die mit einer gewissen Unterwürfigkeit einhergeht. Das ist ein Nettsein, das dem Gegenüber signalisiert, »ganz wie du willst«, und das sich schnell an den anderen anpasst. Dieses Nettsein wird oft begleitet von einem Bambi-Blick, einem Hab-mich-lieb-Lächeln und einem häufigen Kopfnicken.

Eine allzu nette Körpersprache wirkt oft auch unterwürfig und machtlos.

Bitte verwechseln Sie dieses unterwürfige Nettsein nicht mit Freundlichkeit. Wenn Sie freundlich sind, können Sie sich trotzdem durchsetzen oder sehr bestimmend auftreten. Freundlichkeit ist eine Ausstrahlung, mit der wir zeigen, dass wir guter Dinge sind und unser Gegenüber respektieren. Ein freundliches Lächeln kann optimistisch oder sogar siegessicher sein. Das Hab-mich-lieb-Lächeln hingegen wirkt beschwichtigend und damit auch machtlos.

Wenn wir auf diese unterwürfige Weise nett sind, machen wir uns klein und erhöhen dadurch unser Gegenüber. Wir stellen den anderen über uns. Der wiederum kann jetzt das ganze nachfolgende Gespräch an sich reißen und beherrschen.

Wer nur Nettigkeit ausstrahlt, läuft Gefahr, in Gesprächen untergebuttert zu werden.

Am häufigsten finden wir dieses unterwürfige Nettsein bei
Frauen. Früher wurden kleine Mädchen oft darauf gedrillt,
einen lieben und netten Eindruck zu machen. »Guck nicht so
mürrisch!«, hieß es da. »Onkel Klaus und Tante Beate kommen zu Besuch, und du bist gefälligst lieb.« »Komm, sei lieb
und gib dem Onkel ein Küsschen.« »Na komm, lächel doch
mal. Du siehst so nett aus, wenn du lächelst.«

Aus diesem Nett-und-lieb-sein-Programm entstand bei
vielen Frauen eine Gewohnheit. Und so passiert es, dass sie
auch noch als Erwachsene automatisch in eine nette, liebe
Haltung gehen, wenn sie anderen Menschen begegnen.

Viel zu nett, um Nein zu sagen

Wenn Ihre Körpersprache automatisch signalisiert »Ich bin
nett und lieb«, kann Sie das in Schwierigkeiten bringen. Vor
allem dann, wenn Sie sich durchsetzen wollen. Ich möchte
Ihnen das an einem Fallbeispiel erklären, und zwar anhand
der Geschichte von Julia.

Julia gehörte zu den gutmütigen, netten Frauen. Sie begegnete jedem mit einem Lächeln. Sie konnte gut zuhören und
nickte verständnisvoll, wenn ihr jemand etwas erzählte. Aber
das war nicht alles. Julia ließ sich auch leicht überrumpeln,
und sie konnte, wie so viele nette Frauen, nur schwer Nein
sagen. In der Firma gab es einen männlichen Kollegen, der
ihr das Leben schwer machte. Er schaffte es immer wieder,
einige seiner Arbeiten auf sie abzuwälzen.

**Wer zu nett und gutmütig ist, wird in
Gesprächen leicht überrumpelt.**

Julia erzählte mir, wie die Sache typischerweise ablief. Und
wenn Sie die nachfolgende Szene lesen, stellen Sie sich das

Ganze am besten bildlich vor. Denn die Körpersprache spielt hier eine entscheidende Rolle.

Julia arbeitete gern mit offener Bürotür, um auch mal schnell mit jemandem plaudern zu können. Der betreffende Kollege schlenderte über den Flur, blieb in ihrem Türrahmen stehen und sagte dann irgendetwas Harmloses, wie zum Beispiel: »Na, sind Sie wieder fleißig?«

Julia antwortete automatisch mit ihrer netten Körpersprache. Sie schaute den Kollegen lächelnd an und nickte. Der fühlte sich sofort eingeladen und ging in ihren Büroraum. Dort setzte er sich meistens nicht auf den Stuhl, sondern auf die Schreibtischkante. Und dann fing er sofort an zu reden. Und Julia schaute zu ihm hoch und hörte zu.

Führen Sie Ihre Gespräche auf gleicher Augenhöhe.

Meistens beklagte er sich darüber, dass ihm sein Chef wieder viel zu viel Arbeit aufs Auge gedrückt hat. Er müsse bis Freitag die Quartalszahlen zusammenstellen und auswerten. Aber das könne er unmöglich schaffen. Julia nickte verständnisvoll. Der Kollege fühlte sich durch das nette Kopfnicken eingeladen weiterzureden. Und dann begann er mit seiner Arbeitsumverteilung.

Für ihn war Julia die einzige von den Kollegen, die ihn verstand und die nicht immer nur an sich selbst dachte. Bei diesen Worten lächelte Julia und – nickte. Außerdem sei sie auch eine Weltmeisterin im Umgang mit diesem Datenbankprogramm, mit dem er sich überhaupt nicht auskenne. Julia fühlte sich geschmeichelt und – lächelte.

Der Kollege hatte »zufällig« die Unterlagen dabei, aus denen er die Quartalszahlen zusammenstellen sollte. Noch ehe Julia irgendetwas sagen konnte, nickte ihr Kopf automatisch. Und schon lagen die Unterlagen auf ihrem Schreibtisch. Ob sie sich das mal eben schnell anschauen könne, fragte der Kollege, aber auf eine Antwort wartete er nicht. Er redete einfach weiter und Julia war so nett, ihn nicht zu unterbrechen. Und schon stand der Kollege im Türrahmen und verabschiedete sich. Er bedankte sich noch dafür, dass sie ihm mal wieder aus der Patsche half.

Respektiert werden ist wichtiger als beliebt sein.

Julia verdrehte die Augen, versuchte etwas zu sagen, aber seine Arbeit lag bereits auf ihrem Schreibtisch. Bisher hatte sie es nicht geschafft, seine Unterlagen dort unberührt liegen zu lassen. Tatsächlich war das, was der Kollege von ihr wollte, für sie nur eine Kleinigkeit. Und wegen so einer Kleinigkeit wollte sie keinen Streit anfangen. Wenn er dann zwei Tage später seine fertigen Quartalszahlen bei ihr abholte, war Julia seine Lieblingskollegin, die ihn mal wieder gerettet hatte. Die einzig Nette in der ganzen Abteilung.

Um es gleich vorweg zu sagen: Julias Hilfsbereitschaft war im Prinzip ganz in Ordnung. Es ist vollkommen okay, sich gegenseitig zu helfen. Aber hier gab es zwei Probleme. Erstens: Julia wurde nicht wirklich gefragt, sondern jedes Mal überrumpelt. Und zweitens: Die Hilfsbereitschaft war vollkommen einseitig. Julia half immer dem Kollegen. Nie umgekehrt. Und der Kollege erwähnte seinem Chef gegenüber nie, dass es Julia war, die die Quartalszahlen zusammengestellt hatte. Nach außen war der Kollege der große Könner und Macher. Julias Anteil daran fiel völlig unter den Tisch. Das Einzige, was sie erntete, war die Garantie, dass er mit seiner Arbeit wieder zu ihr kam.

Sie haben das Recht, gefragt zu werden, bevor Sie eine Arbeit übernehmen.

Lassen Sie sich nicht überrumpeln

Im Selbstbehauptungstraining fragte mich Julia: »Wie kann ich verhindern, dass dieser Kollege mich weiterhin so ausnutzt?« Dabei graute ihr vor der Vorstellung, sich mit ihm streiten zu müssen, denn sie liebte ein friedliches und harmonisches Arbeitsklima. Also suchten wir nach einem Weg, wie Julia sich ohne großes Kampfgeschrei durchsetzen kann.

Meiner Vermutung nach war ihr Kollege weder hinterlistig noch bösartig. Er ging einfach den Weg des geringsten Widerstands. Er versuchte, sich durchzuschlängeln und dabei war Julia für ihn die ideale Partnerin. Ihre liebe, nette Art passte perfekt zu seiner Überrumpelungstaktik. Das ganze war ein eingespieltes Muster, das wie ein Tanz immer wieder gleich ablief. Der Kollege kam rein und bot Julia einen Tanz an, und sie machte die passenden Tanzschritte dazu.

Wenn Sie ein Gespräch verändern wollen, ändern Sie zuerst Ihre Körpersprache.

Um das eingefahrene Muster zwischen ihr und dem Kollegen zu unterbrechen, war es wichtig, dass Julia zuerst ihre Körpersprache neu einstellte. Denn das alte Tanzmuster zwischen den beiden begann schon in den ersten Sekunden, wenn der Kollege im Türrahmen stand. Statt zu lächeln, zu nicken und brav zuzuhören, brauchte Julia eine würdevolle und neutrale Haltung, mit der sie ihm begegnete. Hier sind die wichtigsten Tipps für Julia und alle anderen, die aus dem unterwürfigen Nettsein herauskommen wollen.

So verhindern Sie, dass Sie ausgenutzt werden

- Gehen Sie in einem Gespräch gleich zu Anfang in Ihre königliche Muthaltung.
- Gespräche werden auf gleicher Augenhöhe geführt. Wenn der Gesprächspartner steht, stehen Sie entweder auch auf, oder bieten Sie ihm einen Stuhl an.
- Ihr Schreibtisch ist kein Sitzplatz. Dort, wo sich der Kollege bisher gern hingesetzt hat, steht ab sofort ein stacheliger Kaktus (oder das Telefon, die Ablage etc.).
- Es ist vollkommen in Ordnung, zur Begrüßung den Gesprächspartner freundlich anzulächeln. Wenn Sie ihm aber zuhören, tun Sie das mit einem neutralen Gesichtsausdruck. Vermeiden Sie dabei, automatisch mit dem Kopf zu nicken.
- Vor allem kein Lächeln und kein Kopfnicken mehr, wenn der Gesprächspartner seine übliche Ich-hab-so-viel-zu-tun-Leidensgeschichte abspult.
- Zeigen Sie unmissverständlich, was Sie *nicht* wollen. Gehen Sie in eine klare Nein-Haltung, wenn der Kollege etwas sagt oder will, mit dem Sie nicht einverstanden sind. Schütteln Sie sofort den Kopf, brechen Sie den Blickkontakt ab. Falls Ihr Gegenüber pausenlos auf Sie einredet, können Sie auch abrupt aufstehen oder sich umdrehen und deutlich das Wort »Nein!« oder »Stopp!« aussprechen.
- Falls der Kollege dennoch seine Arbeit auf Ihren Schreibtisch legt und verschwindet, rufen Sie ihn sofort an. Am Telefon teilen Sie ihm nüchtern mit, dass er seine Unterlagen bei Ihnen vergessen hat, die er bitte gleich wieder abholen möchte.

Am Ende wird Julia nicht darum herumkommen, dem Kollegen deutlich zu sagen, dass sie seine Arbeit nicht mehr übernehmen will. Es ist dabei nicht nötig, ihn anzugreifen oder ihm Vorwürfe zu machen. Es reicht, wenn Julia in ihrer königlichen Muthaltung bleibt und ruhig erklärt, was sie in Zukunft will und was sie nicht mehr will. (Zum Thema Neinsagen und Grenzenziehen gibt es eine eigene Selbstbehauptungsstrategie, die Sie im 3. Kapitel finden.)

Natürlich muss Julia nicht nur rigoros Nein sagen. Sie kann auch mit dem Kollegen verhandeln, nach dem Motto »eine Hand wäscht die andere«. Bevor sie etwas für ihn erledigt, kann sie ihn im Gegenzug darum bitten, dass er auch etwas für sie erledigt. Wie immer Julia sich auch entscheidet, ab jetzt redet sie mit ihrem Kollegen aus einer ebenbürtigen Haltung heraus.

Die häufigsten Fragen zur königlichen Muthaltung und zur Körpersprache

»Ich lächle gern andere Menschen an. Außerdem arbeite ich im Verkauf, und da gehört das Lächeln auch zum Job. Aber ich möchte auch, dass mich die Kunden und die Kollegen ernst nehmen. Sollte ich deswegen weniger lächeln?«

Es kommt darauf an. Zunächst ist es vollkommen in Ordnung, andere Menschen anzulächeln. Und wenn ich als Kundin ein Geschäft betrete, mag ich es sehr, von jemandem bedient zu werden, der freundlich ist. Und ich selbst lächle auch gern. Dagegen ist nichts zu sagen. Wichtig ist, von welcher Körpersprache das Lächeln begleitet wird. Wenn Sie dabei in Ihrer königlichen Muthaltung sind, wirkt Ihr Lächeln selbstsicher und würdevoll. Es gibt aber auch Situationen, in denen es besser ist, ein strenges Gesicht zu machen.

Ihr Lächeln wirkt immer souverän, wenn Sie es mit Ihrer Muthaltung kombinieren.

Stoppen Sie Ihre Freundlichkeit und Ihr Lächeln, wenn jemand in Ihrer Gegenwart etwas tut oder sagt, was Sie verletzt oder beleidigt. Denn wenn Sie weiter lächeln, während Sie schlecht behandelt werden, ist das so, als würden Sie sagen: Mit dieser schlechten Behandlung bin ich einverstanden. Damit untergraben Sie Ihre persönliche Autorität. Es ist immer hilfreich, wenn Sie in Ihrer Muthaltung einerseits freundlich sind, aber notfalls auch sehr streng sein können.

»Wenn ich etwas erzähle, mache ich immer viele Gesten. Ich rede quasi mit Armen und Beinen. Ist es falsch, so viele Gesten zu machen?«

Es kommt darauf an, ob es nervöse Gesten sind oder ob Sie einfach nur temperamentvoll sind. In den Nervositätsgesten entlädt sich eine überschüssige Energie, die durch die Aufregung entstanden ist. Solche nervösen Gesten wirken wie ein Herumfuchteln und das hat mit den gesprochenen Worten nichts zu tun. Ihr Gegenüber merkt, dass Sie unsicher sind.

**Achten Sie darauf, dass Ihre Gesten
Ihre Worte unterstreichen.**

Wenn aber die Gesten, die Sie machen, Ihre Worte unterstreichen, ist es kein Problem. Das erleichtert sogar das Zuhören, weil Sie Ihrem Gegenüber nicht nur etwas für die Ohren anbieten, sondern auch etwas fürs Auge. Bei sehr ruhigen und distanzierten Gesprächspartnern kann es allerdings besser sein, nicht allzu viele leidenschaftliche Gesten zu machen, denn das wirkt auf zurückhaltende Menschen leicht irritierend.

»Ich habe in meinem Bekanntenkreis ein paar Leute, die gern viel reden. Und wenn die so richtig loslegen, komme ich überhaupt nicht mehr zu Wort. Wie kann ich verhindern, dass mich andere Leute ununterbrochen vollquatschen?«

Wenn der andere mit seinen Erzählungen kein Ende findet, braucht er ein Stoppsignal von Ihnen. Dabei müssen Sie nicht drastisch werden. Bereits kleine, sanfte Veränderungen in Ihrer Körpersprache können einen Dauerredner bremsen. Ich empfehle Ihnen, dabei stufenweise vorzugehen. Bei jeder Stufe stellen Sie Ihr Zuhörverhalten immer mehr ab. Anders gesagt: Sie wenden sich mit Ihrer Körpersprache immer mehr von Ihrem Gesprächspartner ab. Dabei gilt die Regel: Fangen Sie immer mit der ersten und mildesten Stufe an. Und wenn der andere dann nicht aufhört zu sprechen, kommt die nächste Stufe dran. Hört er aber auf, ergreifen Sie sofort das Wort.

1. Stufe:
- Gehen Sie in Ihre königliche Muthaltung,
- stellen Sie Ihren Gesichtsausdruck von freundlich-interessiert auf neutral um,
- lächeln Sie nicht mehr und hören Sie auf zu nicken,
- beenden Sie den Blickkontakt zu Ihrem Gegenüber und schauen Sie woanders hin.

2. Stufe:
- Rücken Sie weg, vergrößern Sie den Abstand zu Ihrem Gegenüber,
- beschäftigen Sie sich mit etwas anderem, schauen Sie auf die Uhr, suchen Sie nach einem Pfefferminzbonbon, tragen Sie etwas in Ihren Terminkalender ein oder sortieren Sie den Inhalt Ihrer Jackentaschen.

3. Stufe
- Stoppen Sie den Redefluss Ihres Gegenübers mit Worten. Das können Sie freundlich und sanft machen. Warten Sie, bis Ihr Gegenüber Luft holt, dann sagen Sie zum Beispiel: »Entschuldigung, aber ich kann Ihnen/dir im Moment nicht mehr zuhören.« Oder sagen Sie kurz und bündig: »Interessant. Aber jetzt habe ich keine Zeit mehr« oder

»So! Bevor ich es vergesse, will ich auch noch etwas loswerden und zwar ...« (und dann reden Sie weiter).

4. Stufe oder wie Sie eine Dauerrede vorbeugend verhindern
• Bei einem erneuten Treffen setzen Sie Ihrem Gegenüber bestimmt, aber freundlich eine Grenze. Etwa so: »Ich weiß, du hast viel zu erzählen. Aber ich habe auch noch etwas Wichtiges zu sagen. Damit ich das nicht vergesse, möchte ich es gleich zu Anfang loswerden. Und zwar ...« (jetzt erzählen Sie weiter).

So schützen Sie sich vor den Launen anderer Menschen

Ich habe in den Selbstbehauptungstrainings oft mit Leuten gearbeitet, die sehr empfindsam waren. Viele von ihnen konnten sich im Alltag nur sehr schwer von den Gefühlen und Launen ihrer Mitmenschen abgrenzen. Fing der Gesprächspartner an zu jammern, bekamen diese empfindsamen Menschen oft auch schlechte Laune. Oder sie wurden ganz hektisch, wenn der andere aufgeregt nach etwas suchte. Es sah so aus, als fehlte diesen Menschen das berühmte dicke Fell. Was diesen empfindsamen Menschen aber am meisten zu schaffen machte, war ihre Verletzbarkeit. Ihr Gesprächspartner brauchte nur eine winzige, kritische Andeutung zu machen oder genervt die Augen zu verdrehen, schon waren sie gekränkt. Dabei kippten sie jedes Mal aus ihrer Muthaltung heraus.

Sie haben das Recht, sich von den Launen und Stimmungen anderer Menschen abzugrenzen.

Im Grunde ist diese mitschwingende Sensibilität etwas Wunderbares. Sie ist wie eine große Offenheit für den anderen. Aber jede Offenheit braucht irgendwo auch einen Verschluss. Und jede Empfindsamkeit braucht einen guten Schutz.

Falls Sie auch zu diesen empfindsamen Menschen gehören, wird Ihnen die nachfolgende Strategie sehr helfen, denn damit halten Sie die Launen anderer Menschen auf Abstand. Und Sie verwickeln sich nicht mehr in die Befindlichkeit Ihres Gegenübers und sind dadurch nicht mehr so leicht verletzbar. Ich habe diese Strategie den *Schutzschild* genannt.

Ein Seminarteilnehmer sagte einmal, sein Schutzschild wäre wie das Auge eines Hurrikans. Draußen tobt ein wilder Sturm, aber hinter seinem Schutzschild herrscht eine entspannte Ruhe.

Gleichgültig, was jemand zu Ihnen sagt. Sie müssen sich nicht darüber aufregen. Sie können Ihren Schutzschild aufbauen und gelassen bleiben.

Mit Ihrem Schutzschild können Sie ...

... Ihrem Gegenüber zuhören, ohne sich in das zu verwickeln, was der andere sagt,

... blöde Bemerkungen an sich abprallen lassen, ohne sich davon getroffen zu fühlen,

... gelassen bleiben, selbst wenn alle um Sie herum hektisch oder ärgerlich werden,

... anderen Menschen etwas Unangenehmes sagen, ohne dass es Ihnen selbst peinlich ist,

... die Kritik anderer offen aufnehmen, ohne sich gleich verteidigen zu müssen,

... schwierige Gespräche führen, ohne dabei den Faden zu verlieren,

... anderen Menschen helfen, ohne dabei selbst mitzuleiden oder Kraft zu verlieren.

Wie Sie sich ein dickes Fell zulegen können

Wahrscheinlich kennen Sie Ihren Schutzschild schon längst. Es ist der Zustand, bei dem Sie sich in Ruhe das anschauen, was Ihre Mitmenschen veranstalten, aber nicht alles an sich herankommen lassen. Schlicht gesagt: Was die anderen tun, trifft Sie nicht, und Sie nehmen es auch nicht persönlich.

Ich bin mir sicher, dass Sie diesen gut abgegrenzten Zustand bereits kennen. Vielleicht wissen Sie nicht mehr, wie Sie es geschafft haben, so gelassen zu bleiben. Aber diese ruhige Distanz ist Ihnen nicht völlig unbekannt. Genau das ist Ihr Schutzschild. Vielleicht konnten Sie bisher diesen gut geschützten Zustand nicht absichtlich herstellen. Aber das ändert sich jetzt.

Mit dieser Anleitung können Sie Ihren Schutzschild Schritt für Schritt aufbauen.

Selbstbehauptungsstrategie: Ihr Schutzschild

1. Gehen Sie in Ihre königliche Muthaltung. Atmen Sie tief und entspannt. Bleiben Sie dabei locker.

2. Stellen Sie sich vor, um Sie herum wäre ein unsichtbares Panzerglas. Durch dieses extrem dicke Glas können Sie alles sehen und alles sehr gut hören, aber nichts kann Sie verletzten. Nichts Gefährliches kann dieses dicke Panzerglas durchdringen. Das ist Ihr Schutzschild.

3. Nehmen Sie sich einen Moment Zeit. Fühlen Sie, wie Sie durch diese gute Abgrenzung geschützt werden. Sie bekommen alles mit, aber alles bleibt vor dem Schutzschild.

4. Bestimmte Gedanken können Ihnen helfen, Ihren Schutzschild blitzschnell aufzubauen. Probieren Sie diese Sätze aus:
   • Das lass ich beim anderen.
   • Das hat jetzt nichts mit mir zu tun.
   • Auf diese Bemerkung steig ich nicht ein.

5. Trainieren Sie Ihren Schutzschild zunächst in harmlosen Situationen. Später, wenn Sie sicherer sind, wird es Ihnen Spaß machen, Ihren Schutzschild auch in Turbulenzen aufzubauen und zu testen.

Ihr Schutzschild verhindert, dass die Bemerkungen anderer Sie verletzen

Manche meiner Trainingsteilnehmer waren anfangs noch skeptisch, wenn sie etwas vom Schutzschild hörten. Einige glaubten zunächst, der Schutzschild hätte etwas mit »dichtmachen« oder sich abschotten zu tun, und das wollten sie nicht.

Ihr Schutzschild erlaubt es Ihnen, Ihrem Gegenüber aufmerksam zuzuhören, ohne sich dabei aufzuregen.

Tatsächlich hat der Schutzschild aber nichts mit »dichtmachen« zu tun. Ganz im Gegenteil. Erst wenn wir die Worte
und Gefühle unseres Gegenübers nicht persönlich nehmen,
können wir wirklich aufmerksam sein für das, was der andere
uns sagen will.

Ohne unseren Schutzschild verheddern wir uns leicht in
unser Betroffensein und dann sind wir mehr mit unseren Gefühlen und Gedanken beschäftigt als mit dem, was unser
Gegenüber zu uns sagt. Mit dem Schutzschild können wir
selbst unangenehme Nachrichten, wie beispielsweise Kritik
an unserer Arbeitsleistung, ruhig und gelassen aufnehmen.
Wir sind offen für das, was passiert, ohne darin zu versin-
ken.

Wenn das Gespräch immer wieder
im Streit endet

Regina gehörte zu den Teilnehmern, die anfangs skeptisch
waren, als ich im Selbstbehauptungstraining die Schutz-
schildstrategie vorstellte. Dennoch wollte sie ihren Schutzschild ausprobieren, und zwar in einer Situation, die sie seit
Jahren belastete: beim Besuch ihrer Mutter.

Ich rate immer, eine Selbstbehauptungsstrategie zunächst
in einer einfachen, unproblematischen Situation auszuprobieren, weil man sie so am besten trainieren kann. Und sollte
sie nicht auf Anhieb klappen, ist das dann nicht so schlimm.
Regina aber wollte ihren Schutzschild gleich in einer für sie
sehr problematischen Situation testen.

**Bauen Sie Ihren Schutzschild auf,
wenn Sie auf jemanden allergisch
reagieren.**

Solange Regina zurückdenken konnte, war es schwer für sie, mit ihrer Mutter auszukommen. Sie bezeichnete ihre Mutter als überkritisch. Eine Frau, die von morgens bis abends überall nur Fehler sucht und immer auch welche findet. Regina bekam schon als kleines Kind jede Menge Tadel und Ermahnungen zu hören. Und auch heute noch hatte sie das Gefühl, es ihrer Mutter nie recht machen zu können.

Mittlerweile war Regina über 40 Jahre alt und das Verhältnis zwischen den beiden war immer noch angespannt. Seit Jahren hatte Regina keine Lust, ihre Mutter zu besuchen. Die beiden sahen sich nur einmal im Jahr, zu Weihnachten, wobei das gemeinsame Weihnachtsessen immer mit einem Streit endete.

Es ist aussichtslos, von jemandem Anerkennung bekommen zu wollen, der Ihnen keine geben kann. Die einzige Anerkennung, die Sie wirklich brauchen, ist Ihre eigene.

Meistens passierte Folgendes: Die Familie saß am Tisch und plauderte, bis Regina irgendwann etwas von sich erzählte. Von ihrer Arbeit oder von ihrem letzten Urlaub. Das war der Moment, in dem ihre Mutter ihr immer die gleichen Vorwürfe machte. Sie war enttäuscht, dass ihre Tochter nicht studiert hatte und so wenig aus ihrem Leben gemacht hat. Und von den Urlaubsorten im Ausland, die Regina besuchte, hielt ihre Mutter auch nicht viel. Schließlich könne man im eigenen Land hervorragend Urlaub machen und Regina hätte keine Ahnung, welche Sehenswürdigkeiten direkt vor ihrer Haustür lagen. Spätestens jetzt ging Regina an die Decke. Sie ärgerte sich über die Ansichten ihrer Mutter, über die ständige Kritik und die ewig gleichen Vorwürfe. Die Mutter hielt dagegen und sprach davon, dass sie ein Recht auf ihre Meinung hätte und sich von ihrer Tochter nicht das Sprechen verbieten

lasse. Und so gab es Jahr für Jahr die gleiche Bescherung. Statt
stiller Nacht kam es zum lauten Krach. Und ausgerechnet
in einer solchen Situation wollte Regina zum ersten Mal ihren
Schutzschild ausprobieren.

Wie man es schafft, kritische Bemerkungen nicht persönlich zu nehmen

Ich traf Regina ein Jahr später wieder, beim Selbstbehaup-
tungstraining für Fortgeschrittene. Gleich zu Beginn des
Trainings erzählte sie von ihren Erfahrungen mit dem
Schutzschild. Mittlerweile war sie davon begeistert. Sie hatte
ihren Schutzschild einem Härtetest unterzogen und ihre
Mutter zum Geburtstag besucht. Auch hier bahnte sich wieder das bekannte Streitmuster an. Irgendwann bei Kaffee und
Kuchen erzählte Regina etwas von sich, und ihre Mutter saß
da, schüttelte mit dem Kopf und sagte: »Mein Gott, Kind!
Wann wirst du endlich auf mich hören? Du hättest so viel aus
deinem Leben machen können. Ich hab dir immer gesagt,
wenn du dich nur ein wenig mehr anstrengen würdest, könntest du …« Das waren genau die Reizworte, bei denen Regina
normalerweise hochgegangen wäre. Aber jetzt hatte sie sich
innerlich gewappnet. Sie hatte ihren Schutzschild aufgebaut
und sie war entschlossen, diese kritischen Bemerkungen ganz
bewusst an sich abprallen zu lassen.

Sie haben das Recht, so zu sein, wie
Sie sind. Und andere Menschen dürfen
ebenfalls so sein, wie sie sind.

Regina erzählte, was dann passierte: »Ich hörte, wie meine
Mutter wieder so sprach, als sei ich die Enttäuschung ihres
Lebens. Und ich saß da, hinter meiner durchsichtigen Panzer-

glasscheibe und hatte zum ersten Mal das Gefühl, dass mich ihre Worte nicht ins Herz treffen. Ich hörte genau, was sie sagte.

**Ihr Schutzschild verhindert,
dass die Worte des anderen Sie
gleich ins Herz treffen.**

Wahrscheinlich habe ich ihr früher nie genau zugehört, weil ich immer gleich explodiert bin. Jetzt merkte ich zum ersten Mal, wie enttäuscht sie war. Als ich sie so reden hörte, kam mir der Gedanke, dass meine Mutter vielleicht über ihr eigenes Leben frustriert war. Vielleicht hatte sie immer gehofft, durch mich ein besseres Leben zu bekommen. Aber ich kann das Leben meiner Mutter nicht verbessern. Ich kann nur mein eigenes Leben leben. Und dann hab ich zu meiner Mutter etwas gesagt, was ich früher nie gesagt hätte. Ich sagte ganz ernsthaft: ›Tut mir leid, Mama, dass du so enttäuscht bist.‹ Meine Mutter schaute nur traurig auf ihren Kuchenteller und antwortete: ›Ich bin nichts anderes gewohnt.‹ Mir fiel auf, dass sie eine zutiefst frustrierte Frau ist, die ihre unangenehmen Gefühle einfach nur an anderen auslässt. Und wenn ich da bin, bekomme ich eben ihre Frustrationen ab. Zum ersten Mal seit vielen, vielen Jahren habe ich mich nicht mit ihr gestritten. Es sind ihre Frustrationen, und ich habe damit nichts zu tun. Ich konnte bis zum Schluss mit ihr reden und beobachten, wie es mir dabei ging. Ich würde sagen, mein Schutzschild hat wirklich gut funktioniert.«

**Sie haben das Recht, für den
seelischen Schmerz anderer Menschen
nicht zuständig zu sein.**

Der Abstand, der Ihnen guttut

Abstand – das ist das, was Sie durch Ihren Schutzschild bekommen. Erst wenn Sie ein wenig über den Dingen stehen, können Sie klar erkennen, was wirklich passiert. Sie erkennen, wie die Kommunikation in den fast immer gleichen Bahnen verläuft. Und Sie merken auch, an welcher Stelle Sie normalerweise hochgehen oder sich aufregen würden. Jetzt können Sie ruhig bleiben und die Sache mit Abstand beobachten.

Was immer Ihr Gegenüber auch tut oder sagt, Sie müssen sich nicht darin verwickeln. Es steht Ihnen frei, sich davon nicht treffen zu lassen. Sie müssen nicht einmal darauf reagieren. Aber wenn Sie es doch tun, dann können Sie so reagieren, wie es *Ihnen* guttut. Ohne die Anstrengung, den anderen verändern oder überzeugen zu müssen. Sie dürfen andere Leute ruhig anders sein lassen. Ihr Schutzschild sorgt dafür, dass Sie bei sich bleiben.

Mithilfe Ihres Schutzschildes können Sie auch viel leichter Gespräche führen, die Ihnen ohne Ihren Schutzschild möglicherweise peinlich wären. Dabei schützen Sie sich nicht gegen etwas von außen, sondern gegen Ihr Peinlichkeitsgefühl von innen.

Ich erinnere mich an einen Teilnehmer, der mich Folgendes fragte: »Wie sagt man einem netten Kollegen, dass er manchmal einen intensiven Körpergeruch entwickelt – oder in schlichten Worten – dass er stinkt? Und wie bittet man ihn, ein Deodorant zu benutzen?«

Ihr Schutzschild hilft Ihnen,
über peinliche Gesprächsthemen
sachlich zu reden.

Ehrlich gesagt, ich habe keine Ahnung, welche Worte hier die passenden wären. Das hängt vom Kollegen ab und von der jeweiligen Situation. Aber eins weiß ich genau: nur mit

Schutzschild. Wenn man selbst in einem gut geschützten Zustand ist, ist es für den anderen leichter, sich nicht persönlich angegriffen zu fühlen. Denn Gelassenheit ist ansteckend.

Immer wenn Sie in Zukunft eine Situation vor sich haben, bei der Sie denken, »Oh, das ist mir unangenehm, dort nachzufragen« oder »Ich trau mich nicht, darum zu bitten« oder »Das ist mir peinlich«, erinnern Sie sich an Ihr Schutzschild. Mit dieser Strategie können Sie Dinge sagen und Gespräche führen, die Ihnen normalerweise schwerfallen würden. Also denken Sie daran: Wenn's mulmig wird, Schutzschild aufbauen.

Möglicherweise geht es Ihnen bald so wie vielen meiner Trainingsteilnehmer, die nicht mehr ohne ihren Schutzschild aus dem Haus gehen wollen. Aber wie jede andere Selbstbehauptungsstrategie ist auch diese Strategie kein Dauerzustand. Es gibt Situationen, in denen Ihre persönliche Betroffenheit wichtig, ja sogar wunderbar ist. Bei einer Liebeserklärung zum Beispiel. Wenn Ihr Schatz zu Ihnen sagt, »Ich liebe dich«, dann nehmen Sie diese Bemerkung ruhig persönlich. Diesen Schuh ziehen Sie sich an.

**Ihr Schutzschild ist kein Dauerzustand,
sondern nur eine Möglichkeit,
wie Sie in schwierigen Situationen
gelassen bleiben können.**

Sie brauchen auch keinen Schutzschild, wenn ein Baby in Ihren Armen vor Vergnügen gluckst oder wenn die Erde Ihnen einen glutroten Sonnenuntergang präsentiert oder wenn Sie mit Ihren Freunden fröhlich feiern. Davon lassen Sie sich direkt ins Herz treffen.

Machen Sie Ihren Schutzschild zu einer neuen Möglichkeit, die Sie bewusst wählen. Und die Sie manchmal auch ganz bewusst weglassen.

Alle fünf der in diesem Buch präsentierten Selbstbehauptungsstrategien bringen Sie schnell in einen selbstsicheren Zustand. Aber die allerschnellsten Ergebnisse erzielen Sie mit der königlichen Muthaltung plus Schutzschild. Nur mithilfe dieser beiden Strategien haben sich vor meinen Augen schüchterne, unsichere Menschen um 180 Grad gedreht. Eben noch wirkten sie verlegen und gehemmt. Zwei Stunden später saßen dieselben Menschen aufrecht und selbstbewusst vor mir. Vielleicht dauert es länger, sich innerlich wirklich selbstbewusst zu fühlen. Aber für die äußerliche Verwandlung reicht ein Vormittag.

Die nun folgenden Strategien kommen mit mehr Worten daher. Es sind verbale Selbstbehauptungsstrategien. Und die wirken besonders gut, wenn Sie sie mit Ihrer königlichen Muthaltung plus Schutzschild verbinden. Das ist im Alltag sehr viel einfacher, als ich es hier beschreiben kann. Wenn Sie Ihre Muthaltung und Ihren Schutzschild ein paarmal geübt haben, reicht ein einziger Gedanke daran und Ihr Körper geht wie von selbst in diesen Zustand. Und sind Sie erst einmal in diesem würdevollen Zustand, fällt es Ihnen leichter, selbstsicher zu sprechen. Was Sie in den verschiedenen Situationen dann jeweils sagen können, lesen Sie in den nächsten Kapiteln.

Die **zweite**
Selbstbehauptungsstrategie:
Das kraftvolle Wollen

Diese Selbstbehauptungsstrategie hilft Ihnen, das zu bekommen, was Sie wollen. Und zwar, indem Sie Ihre Wünsche aussprechen. Denn nur wenn Sie Ihrem Gesprächspartner verständlich machen, was Sie wollen, kann er darauf eingehen. Umgekehrt heißt das, eine Bitte oder ein Wunsch, den Sie nicht aussprechen, kann auch nicht erfüllt werden. Die eigenen Wünsche klar auszudrücken, gehört zur Basis jeder Selbstbehauptung.

In diesem Kapitel erfahren Sie, wie Sie sich vor allem unmissverständlich ausdrücken können und was Ihren Gesprächspartner motiviert, Ihnen eine Bitte zu erfüllen, und was ihn eher blockiert und ins Nein treibt.

Mit der Selbstbehauptungsstrategie »Das kraftvolle Wünschen« können Sie ...

... Ihre eigenen Bedürfnisse in klare Worte fassen,
... den Mut finden, eine Bitte deutlich auszusprechen,
... eindeutig sagen, was Sie für sich brauchen,
... sich so ausdrücken, dass Ihr Gesprächspartner eher bereit ist, Ihre Bitte zu erfüllen
... und mit einem möglichen Nein gelassen umgehen.

Deutliche Worte sind besser als lange Seufzer

Leider sind die Zeiten vorbei, in denen uns unsere Wünsche von den Augen abgelesen wurden (vielleicht hat es diese Zeiten auch nie wirklich gegeben). Ein Augenaufschlag und ein Seufzer genügen nicht, damit unser Gegenüber weiß, was wir brauchen. Wir können bis in alle Ewigkeit hörbar atmen und mit den Lidern klappern, da springt niemand auf und erfüllt uns unsere unausgesprochenen Wünsche. Ich weiß, es ist nicht sonderlich romantisch, aber uns bleibt nichts anderes übrig, als den Mund aufzumachen und mit dem anderen zu reden.

Solange Sie schweigen, weiß niemand, was Sie brauchen.

Natürlich ist diese zweite Selbstbehauptungsstrategie keine Garantie dafür, dass Sie immer alles bekommen, was Sie wollen. Es tut mir leid, aber meines Wissens gibt es keine Kommunikationsstrategie, mit der Sie allmächtig werden und sich alle Wünsche erfüllen können. Denn wie immer im Leben endet Ihr Wille genau dort, wo der Wille Ihres Gegenübers anfängt. Aber mit dieser Selbstbehauptungsstrategie erhöhen Sie Ihre Chancen. Wenn Sie deutlich sagen, was Sie sich wünschen, erhöhen Sie die Wahrscheinlichkeit, das auch zu bekommen. Manchmal müssen wir nicht großartig kämpfen oder uns mit raffinierter Rhetorik durchsetzen. Oft reicht schon eine klare Bitte.

Aber so simpel das hier auch klingt, im Alltag ist das Bitten für manche Menschen ein Problem. Vor allem für Menschen mit schwachem Selbstvertrauen.

Sie haben das Recht, um das zu bitten, was Sie sich wünschen.

**Und Ihr Gegenüber hat das Recht,
darauf mit Ja oder Nein zu antworten.**

Pflegeleicht, anspruchslos und niemandem zur Last fallen

Wer von sich selbst keine hohe Meinung hat und sich oft wertlos oder unzulänglich fühlt, neigt dazu, die eigenen Wünsche und Bedürfnisse für unwichtig zu halten. So, als hätte man es nicht verdient, das zu bekommen, was man braucht. Hinzu kommt, dass solche Menschen sich oft darum bemühen, möglichst keine Last für ihre Mitmenschen zu sein. Sie machen sich selbst quasi pflegeleicht und anspruchslos. Dahinter steckt (unbewusst) die Absicht, dass man so für seine Mitmenschen erträglicher und damit auch beliebter wird.

**Es gibt nur einen Mensch auf der Welt,
der beurteilen kann, ob Ihre Wünsche
angemessen sind oder nicht. Und
dieser Mensch sind Sie.**

Die eigenen Wünsche bleiben im Verborgenen, während man umgekehrt schnell bereit ist, auf die Wünsche der anderen einzugehen. Die anderen haben immer den Vortritt. Zuerst werden die Wünsche der Kinder, des Partners und der Firma erfüllt. Dann sind die Freunde und die Verwandten dran, der Hund wird gefüttert und der restliche Kleinkram erledigt. Erst ganz am Ende dieser langen Reihe kommen die eigenen Wünsche und Bedürfnisse dran. Und für die ist dann kaum noch Zeit und Kraft vorhanden.

Viele Menschen mit einem schwachen Selbstwertgefühl hoffen insgeheim, für ihre Anspruchslosigkeit und ihre Aufopferung entschädigt zu werden. Sie hoffen, dass sie irgendwann drankommen und sich das erfüllt, was sie sich insgeheim wünschen. Irgendwann. Eine Frage: Wie wär's mit jetzt?

Ich weiß nicht, wie Sie sich Menschen mit wenig Selbstvertrauen vorstellen. Meiner Erfahrung nach sind es Menschen wie Sie und ich. Selbst erfolgreiche Leute, die jeden Tag ihren Mann oder ihre Frau stehen, haben hin und wieder ein paar Löcher in ihrem Selbstwertgefühl. Beispielsweise fällt es einigen Menschen leicht, im Beruf etwas zu fordern. Aber privat sieht es dann anders aus. Dort fällt es ihnen vielleicht schwer, zum Partner zu sagen, »Nimm mich mal in den Arm«.

Ihre Wünsche und Bedürfnisse sind ein Teil von Ihnen. Es gibt keinen Grund, sich dafür zu schämen oder sich damit zu verstecken.

Oder umgekehrt: Manche können zu Hause ihre eigenen Bedürfnisse gut äußern. Aber im Job kriegen sie kaum den Mund auf. Statt um eine andere Aufgabe zu bitten oder auch nur darum, dass die Klimaanlage nicht ganz so hoch eingestellt wird, beißen sie sich lieber auf die Zunge und sagen nichts. Wenn es darum geht, die eigenen Wünsche klar auszusprechen, haben die meisten Menschen irgendwo eine Schwachstelle.

Wer nichts sagt, kriegt auch nichts

Als ich Britta das erste Mal sah, konnte ich mir nicht vorstellen, dass sie irgendwelche Probleme habe, sich selbst zu behaupten. Sie war eine junge Journalistin, die nach außen so wirkte, als sei ihr Selbstbewusstsein bereits auf dem maximalen Stand angekommen. Aber dann durfte sie eine Erfah-

rung machen, die ihr zeigte, dass es für sie noch etwas zu lernen gab.

Es begann mit einem Glückstag. Britta bekam die feste
Stelle als Journalistin bei der Tageszeitung. Bei ihrer Einstellung hatte der Chefredakteur allerdings eine Bedingung gestellt. Britta bekam eine Probezeit von sechs Monaten. Und in
der Probezeit sollte sie nicht ein normales Journalistengehalt
bekommen, sondern viel weniger. Sehr viel weniger. Es war
nur ein Praktikantengehalt. Im Bewerbungsgespräch hatte
Britta dem zugestimmt, denn das war die Bedingung, unter
der sie diesen Job überhaupt nur bekam. Aber sie wusste, dass
sie ihre Sache gut machen und die Probezeit bestehen würde.
Und das tat sie auch.

> **Sie haben das Recht, auch in einem
> Bewerbungsgespräch zu sagen,
> was Sie sich in Ihrem neuen Job
> wünschen.**

Britta arbeitete in der Kulturredaktion und schrieb von Anfang an ihre eigenen Artikel. Sie war eine vollwertige Mitarbeiterin und weit davon entfernt, eine Praktikantin zu sein.
Nur ihr Gehalt war das nicht. Sechs Monate lang ging Britta
finanziell auf dem Zahnfleisch, dann war ihre Probezeit endlich vorbei. Jetzt sollte sie, wie vereinbart, ihr reguläres Journalistengehalt bekommen. Und natürlich auch offiziell die
Probezeit bestanden haben. Aber nichts geschah.

> **Wenn Sie irritiert sind oder nicht
> weiterwissen, machen Sie
> den Mund auf. Reden Sie darüber.**

Tagein, tagaus, die gleichen Redaktionskonferenzen. Britta
lieferte ihre Artikel pünktlich ab und ... nichts passierte. Kein
Mensch kam zu ihr und sprach mit ihr wegen der Probezeit.

Und niemand erhöhte ihr Gehalt. Der Chefredakteur war –
wie immer – kurz angebunden. Mit Britta sprach er nur über
ihre Artikel. Hatte er die Vereinbarung vergessen oder hatte
sie die Sache etwa falsch verstanden? Muss sie nun für immer
von diesem mageren Probezeitgehalt leben?

Britta wartete. Sie wartete auf ihr normales Gehalt. Mit
jedem Tag, der verging, wurde sie immer unsicherer. Was
würde passieren, wenn sie den Chefredakteur darauf ansprach? Britta begann zu spekulieren. Vielleicht war er mit
ihren Leistungen doch nicht zufrieden und sie hatte die Probezeit gar nicht bestanden? Nein, Britta wusste, dass sie gute
Arbeit ablieferte. Aber warum bekam sie nicht das verein-
barte Gehalt?

Raus mit der Sprache

Nach fast drei Wochen war Britta so verunsichert, dass sie
regelrecht Angst hatte, den Chefredakteur anzusprechen.
Und das war für sie sehr ungewöhnlich. Normalerweise
machte ihr das gar nichts aus. Wenn es um ihre Themen und
Artikel ging, war sie zäh, unnachgiebig und entschlossen.
Aber jetzt – in eigener Sache – war ihr Selbstvertrauen auf
einem Tiefpunkt angekommen.

**Zu viel grübeln untergräbt das
Selbstvertrauen.**

Britta erzählte einer Kollegin davon, und die brauste sofort
auf: »Sag mal, bist du verrückt? Dich mit so einem Taschen-
geld abspeisen zu lassen und dann gehst du nicht zum Chef,
wenn die Probezeit um ist? Ich hätte ihn vor zwei Monaten
gefragt, ob ich die Probezeit bestanden habe und wann mein
reguläres Gehalt kommt. Worauf um Himmels willen war-

test du? Hier fliegen dir keine gebratenen Tauben in den Mund. Die Tauben musst du selbst jagen und braten. Geh zu ihm, am besten sofort.«

Die Kollegin schob Britta in Richtung Chefbüro. Dort fasste sich Britta ein Herz, atmete tief durch und ging hinein. Der Chef war in Eile und zeigte deutlich, dass es sich für Britta gar nicht erst lohnte, sich hinzusetzen. Also blieb sie stehen und erklärte ihm, dass die sechs Monate ihrer Probezeit um waren. Und dann fragte sie leicht stotternd, ob sie die Probezeit bestanden hätte.

Warten Sie nicht darauf, dass andere Menschen auf Sie zukommen. Werden Sie aktiv, und bitten Sie um ein Gespräch.

Der Chefredakteur zog die Mundwinkel nach unten und antwortete schroff: »Ja, sonst würden Sie nicht hier stehen.«

Britta schluckte und fragte weiter: »Und was ist mit meinem Gehalt? Sie sagten mir, ich würde nach der Probezeit ...«

Der Chef unterbrach sie: »Ich weiß, was ich gesagt habe. Aber warum kommen Sie erst jetzt damit? Die Probezeit ist seit drei Wochen vorbei.« Britta war verlegen und murmelte etwas von »... zu viel zu tun«.

Der Chef ließ nicht locker: »Sie haben zu viel zu tun, um sich um Ihr Gehalt zu kümmern? Was ist denn mit Ihnen los? Sind Sie reich verheiratet? Oder leben Sie noch bei Mama und Papa?« Innerlich wurde Britta langsam wütend. Sie suchte nach einer passenden Retourkutsche, aber der Chefredakteur kam ihr zuvor: »Okay, Sie haben die Probezeit bestanden und bekommen das normale Gehalt. Alles klar. Bis dann.«

Damit war das Gespräch beendet.

Stille Bescheidenheit wird oft nicht belohnt.

Nein, das war kein tolles Gespräch, und dennoch fiel Britta ein Stein vom Herzen. Das Bangen und die Unsicherheit waren zu Ende. Sie bekam ihr vereinbartes Gehalt und war offiziell fest angestellt.

Die ganze Sache war für Britta sehr lehrreich. Ihr war Folgendes klar geworden:

- Ohne nachzufragen und ohne zu fordern passiert überhaupt nichts.
- Wenn sie nicht losgeht und das verlangt, was ihr zusteht, geht sie leer aus.
- Warten verunsichert nur.
- Losgehen und fordern ist das Einzige, was hilft.
- Und: Stille Bescheidenheit wird nicht belohnt.

Das Drama der kompetenten Frauen und Männer

Für Britta war dieser Job eine Lektion in Sachen Wünschen, Bitten, Fordern. Und damit entkam sie dem Drama der Kompetenten. Das Drama der kompetenten Menschen sieht so aus: Sie sind leistungsfähig, rackern sich ab – und warten. Sie warten auf Anerkennung, sie warten auf Beförderung, sie warten auf mehr Gehalt. Die Kompetenten warten, weil sie glauben, dass »die da oben« doch merken müssten, wie tüchtig sie sind. Aber in Wirklichkeit passiert nichts. Nein, das stimmt nicht ganz. Es passiert doch etwas.

Während die Kompetenten auf Anerkennung oder eine Beförderung warten, ernten die anderen die Lorbeeren. Das sind vielleicht nur die mittelmäßig tüchtigen Mitarbeiter. Aber die machen viel mehr Wind um ihre Leistung. Die sagen deutlich, was sie wollen und verhandeln hartnäckig um ihre Forderungen. Und damit haben sie auch Erfolg. Vielleicht nicht immer. Aber doch deutlich mehr als diejenigen, die nur warten. Währenddessen schütteln die Kompetenten nur den Kopf und sind sauer darüber, wie ungerecht das alles ist.

> **Zu Ihrer Kompetenz gehört auch,**
> **dass Sie ein guter Anwalt für Ihre**
> **eigenen Interessen sind.**

Falls Ihnen das irgendwie bekannt vorkommt, beenden Sie das Drama. Zum Kompetentsein gehört auch, dass Sie für sich selbst ein guter Anwalt sind und sich für Ihre Interessen stark machen. Statt zu warten, bitten Sie um das, was Sie wollen. Statt sauer oder neidisch auf die anderen zu sein, machen Sie sich für sich selbst stark.

Die nächste Selbstbehauptungsstrategie, die ich Ihnen vorstelle, hilft Ihnen, Ihre Bitte eindeutig und klar zu formulieren. Aber bevor Sie andere um etwas bitten, ist es wichtig, dass Sie sich darüber klar werden, was Sie genau wollen. Nehmen Sie sich also zuerst Zeit, um mit sich selbst ins Reine zu kommen. Finden Sie heraus, was Sie möchten und sagen Sie Ja zu Ihren Wünschen und Bedürfnissen.

Selbstbehauptungsstrategie:
Das kraftvolle Wollen

1. Wählen Sie den passenden Zeitpunkt
Sie brauchen einen Gesprächspartner, der einigermaßen aufmerksam ist und Ihren Worten folgen kann. Deshalb achten Sie darauf, dass Sie ein ruhiges und ungestörtes Gespräch führen können. Gehen Sie in Ihre königliche Muthaltung und bauen Sie Ihr Schutzschild auf. Das hilft Ihnen, dabei gelassener zu sprechen und die Reaktion des anderen nicht persönlich zu nehmen.

2. Drücken Sie sich freundlich und präzise aus

Sagen Sie kurz und präzise, was Sie wollen.

Benutzen Sie das Wort »bitte« oder sagen Sie:

»Ich hätte gern ...«,

»Ich wünsche mir ...«,

»Ich möchte ...«

3. Nicht zu viele Bitten auf einmal

Auch wenn Ihnen diese Strategie sehr gefällt, überschütten Sie Ihren Gesprächspartner nicht mit allen Ihren Wünschen. Denken Sie daran, Ihr Gegenüber hat kein eingebautes Tonband, mit dem er Ihre Wünsche aufzeichnen kann. Also ein Wunsch, maximal zwei Wünsche in einem Gespräch. Mehr verkraftet der andere rein »gehirntechnisch« nicht.

4. Bleiben Sie positiv

Lassen Sie alles weg, was den anderen gegen Sie aufbringen könnte. Also kein Jammern, Schimpfen oder Drohen. Denn bei zu viel Negativität machen die meisten Menschen innerlich einfach dicht und gehen in den Widerstand, nach dem Motto: So lass ich nicht mit mir reden. Ihr Gegenüber wird sich eher motiviert fühlen, Ihre Bitte zu erfüllen, wenn Sie dabei freundlich oder zumindest sachlich bleiben.

Legen Sie Ihre Wünsche auf den Tisch und bitten Sie um das, was Sie wollen

Die vier häufigsten Stolpersteine beim Bitten und Wünschen

»Ich habe gesagt, was zu erledigen ist, aber mein Kollege hat es einfach nicht getan.«
»Mein Mann tut nie, worum ich ihn bitte.«
»Seit Monaten bitte ich meine Tochter, mir im Haushalt zu helfen. Aber sie stellt ihre Ohren auf Durchzug.«

Solche oder ähnliche Beschwerden höre ich in jedem Training. Wenn ich höre, dass meine Teilnehmer mit ihren Wünschen und Bitten keinen Erfolg haben, werde ich neugierig. Hier beginnt ein Trainingsabschnitt, den ich wirklich liebe. Ich nenne es, eine Selbstbehauptungsstrategie alltagstauglich machen. Auf dem Papier klingt alles recht vernünftig, aber wie läuft es im wirklichen Leben? Wie lebt man ganz praktisch mit so einer Strategie?

Ich lasse mir von meinen Teilnehmern gern detailliert berichten, was genau sie getan und gesagt haben und wie der andere darauf reagiert hat. Dabei fallen mir immer wieder typische Fehler und Missverständnisse auf, über die wir im Alltag gern stolpern. Diese Stolpersteine führen dazu, dass eine Bitte nicht richtig verstanden oder gleich abgelehnt wird. Die fünf häufigsten Stolpersteine möchte ich Ihnen hier vorstellen und Ihnen zeigen, wie Sie sie aus dem Weg räumen können.

So vermeiden Sie den ersten Stolperstein: Verlangen Sie nicht das Unmögliche

Es gibt Bitten, die Ihr Gegenüber nur sehr schwer oder überhaupt nicht erfüllen kann. Was, zum Beispiel, soll der 15-jährige Sohn machen, wenn ihn seine Mutter morgens um Folgendes bittet: »O nein, wie du schon wieder guckst! Könntest du bitte beim Frühstück ein anderes Gesicht machen.« Wie soll der Sohn diese Bitte erfüllen? Sein altes Gesicht abschrauben und sich ein Dauergrinsen aufsetzen? Und überhaupt, kann jemand (außer einem Schönheitschirurgen) die Bitte nach einem anderen Gesicht erfüllen? Ich denke, das wird schwierig – nein, vielleicht sogar unmöglich.

Ihr Gegenüber kann Ihre Bitte nur erfüllen, wenn das in seinen Möglichkeiten liegt.

Ich kann die Mutter verstehen. Sie möchte, dass ihr Sohn nicht so muffelig am Frühstückstisch sitzt. Aber ob hier eine Bitte hilft, bezweifle ich. Denn aufgrund einer Bitte können die meisten Menschen ihre Stimmung nicht ändern, allenfalls nur unterdrücken.

Ebenfalls schwierig sind alle Wünsche in Richtung »Bitte ändere deine Persönlichkeit«. Ich denke da an die Frau, die sich bei mir darüber beklagte, dass ihr Mann nie mit ihr reden wollte, wenn es Probleme gab. Mit ihrer Bitte »Rede mit mir« hatte sie keinen Erfolg. Wenn es problematisch wurde, zog er sich zunächst zurück, während sie ständig versuchte, ihn hervorzulocken, um mit ihm zu reden. Er ging in den Rückzug und ordnete dort seine Gedanken. Sie wollte das Problem lösen, indem sie darüber sprach. Keiner von beiden machte es falsch. Beide hatten nur ganz unterschiedliche Persönlichkeiten.

Versuchen Sie nicht, die Persönlichkeit eines Menschen zu ändern.

Wir alle leben mit bestimmten Charaktereigenschaften, die wir bereits sehr früh in der Kindheit erlernt haben. Das, was wir dort erlebt haben, hat sich tief in unsere Persönlichkeit eingegraben. Auch mit viel gutem Willen ist das nur schwer zu verändern. Menschen sind so, wie sie sind, und die allerwenigsten können ihre Persönlichkeit einfach umkrempeln, selbst dann nicht, wenn sie es selbst dringend wollen.

Wenn Sie also Ihr Gegenüber darum bitten, »Sei anders als du bist«, werden Sie damit meistens keinen Erfolg haben.

Wenden Sie sich mit Ihrer Bitte dorthin, wo sie auch erfüllt werden kann.

Ebenfalls schwierig wird es, wenn Sie etwas verlangen, was es (dort) nicht gibt. Zum Beispiel eine Gehaltserhöhung in einer Firma, die kurz vor der Pleite steht. Oder wenn Sie versuchen, ein Hotelzimmer in einem ausgebuchten Hotel zu bekommen oder wenn Sie Ihre Schuhe beim Bäcker kaufen wollen. Im Prinzip ist es vollkommen in Ordnung, Schuhe, Hotelzimmer oder eine Gehaltserhöhung zu wollen. Aber wenden Sie sich mit Ihrer Bitte dorthin, wo sie auch erfüllt werden kann.

Umgehen Sie den zweiten Stolperstein: Wenige kurze Sätze statt eines langen Redeschwalls

Manche Menschen erklären viel, wenn sie um etwas bitten. Und manchmal hört sich die Erklärung wie eine Rechtfertigung an. Wer aber lange Erklärungen abgibt, hat meistens eine hohe Erwartung. Und die Erwartung lautet: Der andere soll mich verstehen. Er soll wissen, was in mir vorgeht, was passiert ist und wie alles zusammenhängt. Und wenn der andere mich versteht, erfüllt er mir auch meinen Wunsch.

Aber mit dem Verständnis ist das so eine Sache. Viele Worte lösen nicht unbedingt viel Verständnis beim Gesprächspartner aus. Im Gegenteil, oft verwirren sie den anderen. Der weiß nach so einem langen Text oft überhaupt nicht mehr, worum es eigentlich geht.

Viele Worte schaffen oft mehr
Verwirrung als Verständnis.

Dazu kommt noch ein zweites Problem: Einige Menschen sind schlechte Zuhörer. Sie können sich nur kurz konzentrieren. Aber das merkt man diesen Menschen nicht unbedingt an, denn viele schlechte Zuhörer halten die ganze Zeit Blickkontakt und nicken mit dem Kopf. Aber das täuscht. In Wirklichkeit sind sie mit ihren Gedanken ganz woanders.

Deshalb ist es wichtig, dass Sie sich kurz fassen können und mit Ihrer Bitte schnell auf den Punkt kommen. Servieren Sie keine langatmigen Erklärungen zu Ihrer Bitte. Sagen Sie, was Sie möchten, und warten Sie ab, ob Ihr Gesprächspartner noch Fragen dazu hat. Und die beantworten Sie dann, ebenfalls kurz und bündig.

Sie müssen Ihre Bitte nicht
begründen.

Unter uns gesagt: Sie müssen Ihre Bitte nicht rechtfertigen oder begründen. Sie wünschen sich etwas, weil Sie es wollen. Das reicht als Erklärung. Wenn Sie noch mehr dazu sagen wollen, dann ist das ein Entgegenkommen von Ihrer Seite. Denken Sie daran: Sie – und nur Sie – beurteilen, ob Ihre Bitte gerechtfertigt ist oder nicht.

Vermeiden Sie den dritten Stolperstein: Machen Sie sich nicht klein, wenn Sie um Hilfe bitten

Ich ging fest davon aus, dass heute niemand mehr (vor allem keine Frau) sich wie ein kleines Kind gebärdet, um von anderen Hilfe zu bekommen. Sich selbst klein und niedlich zu machen, damit andere aufspringen und sich stark machen können, das war vielleicht früher eine beliebte Masche, aber in diesem Jahrtausend ist das doch völlig aus der Mode gekommen. Dachte ich. Aber dann wurde ich Zeuge dieser altertümlichen Verhaltensweise.

Die Frau beugte sich bei offener Bürotür übers Telefon und tippte auf einer umfangreichen Tastatur herum. Er, der starke Mann und künftige Retter in der Not, kam in den Raum und sah ihr stirnrunzelnd zu. Als sie ihn bemerkte, wurde ihr Gesicht leicht weinerlich.

Sie jammerte: »Ich bin einfach zu blöd für diese neue Telefonanlage. Tausendmal hab ich schon versucht, das Gespräch durchzustellen. Aber das Telefon will nicht mitspielen. Ich dreh gleich durch!« Schmollend schlug sie mit der Hand auf das Gerät. Der Mann half ihr, ohne zu zögern. Er befreite die arme Frau aus den Klauen dieser bösen Telefonanlage.

Mit der Art, wie Sie über sich selbst reden, zeigen Sie Ihren Mitmenschen, wie man Sie behandeln darf.

»Na, na, nicht gleich durchdrehen«, sagte er zu ihr, nahm den Hörer ab und drückte zwei Knöpfe. »So geht das.« Er zeigte auf die entsprechenden Knöpfe.

Sie sprach jetzt mit einer lieblichen Stimme: »Ach, wie toll. Das schreibe ich mir gleich auf, damit ich das in meinen Kopf reinkriege.«

Er schmunzelte und sagte beim Weggehen: »Drehen Sie ein paar von Ihren Locken auf, dann geht mehr in Ihren Kopf rein.«

Sie lachte über seinen Spruch und flötete ihm hinterher: »Irgendwann kann ich sicherlich allein telefonieren.«

»Ach, wie schade!«, rief er ihr zu.

Als ich diese Szene sah, drehte ich mich um und suchte nach der versteckten Kamera. Das ist bestimmt eine Jux-Show, inszeniert fürs Fernsehen. Und gleich springen drei Moderatoren aus ihrem Versteck und rufen im Chor »Reingefallen!«.

Aber alles blieb ruhig. Die Frau telefonierte, der Mann ging weiter den Flur entlang.

O Schreck, das war Realität!

Ich dachte an meinen Beruf. Vielleicht werde ich diese Frau eines Tages in einem meiner Selbstbehauptungstrainings wiedersehen. Und dort wird sie sich möglicherweise darüber beschweren, dass ihre (männlichen) Kollegen sich manchmal über sie lustig machen. Und dass sie beruflich nicht weiterkommt, weil man ihr in der Firma keine anspruchsvollen Aufgaben anvertraut. Imageprobleme – selbst gemacht.

Mit Ihren Äußerungen zeigen Sie immer auch, wie Sie behandelt werden wollen. Mit Sätzen wie »Irgendwie bin ich zu blöd, um das hinzubekommen« bewerten Sie sich selbst negativ. Sie machen sich schlecht. Und damit basteln Sie sich immer auch Ihr eigenes Image.

**Reden Sie nicht schlecht von
sich selbst, wenn Sie andere um
Hilfe bitten.**

Es ist vollkommen in Ordnung, andere Menschen wissen zu lassen, was Sie im Moment nicht können. Vielleicht kommen Sie gerade nicht ins Internet, können die Zündkerzen im Auto nicht auswechseln oder schaffen es nicht, den Kleiderschrank allein in den Keller zu tragen. Aber deshalb sind Sie nicht blöd, dumm, schwach oder begriffsstutzig. (Wie Sie aus der inneren Selbsterniedrigung herauskommen, steht im 5. Kapitel.)

Hier einige Tipps, wie Sie um Hilfe bitten können, ohne sich dabei klein zu machen.

So bitten Sie selbstsicher um Hilfe

- Gehen Sie in Ihre königliche Muthaltung.
- Erlauben Sie sich, etwas nicht zu können oder mit etwas nicht allein zurechtzukommen. Deswegen müssen Sie sich nicht schämen und sich auch nicht schlecht fühlen.
- Wenn Sie jemanden um Hilfe bitten, beschreiben Sie nur die nüchternen Tatsachen und fügen Sie mit einem kurzen Satz Ihre Bitte hinzu. Etwa so:
  »Ich komme mit dem neuen Telefon nicht zurecht. Könnten Sie mir bitte helfen?«
  »Ich komme hier nicht weiter. Kannst du dir das bitte anschauen und mir einen Tipp geben?«
  »Ich kann das nicht allein tragen. Packst du bitte mit an.«
- Anschließend bedanken Sie sich bei Ihrem Gegenüber für die Hilfe.

Das ist Kommunikation auf gleicher Augenhöhe. Erwachsen, ohne sich zu erniedrigen und ohne den anderen zu manipulieren. Damit bleiben Sie in Ihrer Würde, auch wenn Sie sich hilflos fühlen oder nicht weiterwissen.

So entgehen Sie dem vierten Stolperstein: Sprechen Sie eine klare Bitte aus, statt nur mit dem Zaunpfahl zu winken

Wollen Sie wissen, woraus die meisten Missverständnisse gemacht sind? Die meisten Missverständnisse entstehen aus zarten Andeutungen. Machen Sie eine Andeutung und Sie riskieren, dass Sie falsch verstanden werden.

Nehmen wir einmal an, Sie stehen im Büro vor dem Fotokopierer und der tut nicht das, was Sie wollen. Aber zum Glück kommt Ihr Kollege gerade vorbei und der kennt sich mit diesem Gerät aus. Stellen Sie sich vor, Sie würden diesen Satz zu Ihrem Kollegen sagen: »Oh, gut, dass du kommst. Der Fotokopierer streikt schon wieder.«

Wahrscheinlich erwarten Sie jetzt, dass der Kollege den Satz richtig deutet, nämlich als eine Bitte um Hilfe. Aber der Kollege zuckt nur mit den Schultern und sagt: »Schon wieder kaputt? Wie gut, dass ich nichts kopieren muss!« und dann geht er einfach weiter. Wären Sie enttäuscht, weil dieser Kollege so wenig hilfsbereit ist?

Der Wink mit dem Zaunpfahl wird oft nicht verstanden.

Aber ist er wirklich nicht hilfsbereit? Oder hat er einfach nur den Wink mit dem Zaunpfahl nicht verstanden?

Der Satz »Der Kopierer streikt schon wieder« ist genau genommen nur ein Hinweis auf eine Tatsache. Mehr nicht. Und genau das hat der Kollege in diesem Beispiel auch verstanden. Es war nur ein Hinweis auf die Tatsache, dass der Kopierer mal wieder nicht funktioniert. Was Sie mit diesem Satz eigentlich erreichen wollten, hat er zwischen den Zeilen nicht herausgehört.

Und genau so kann ein Streit entstehen. Der eine macht eine Andeutung, winkt mit dem Zaunpfahl, aber der Gesprächspartner bezieht sich nur auf das, was tatsächlich gesagt wurde.

Jetzt fühlt sich jeder falsch verstanden:

»Du tust nie das, worum ich dich bitte.«

»Stimmt ja gar nicht.«

»Doch! Ich habe dich um Hilfe gebeten, als der Kopierer kaputt war. Aber du bist einfach weggegangen und hast mich da stehen lassen.«

»Nein, das stimmt nicht. Du hast nicht gesagt, dass ich dir helfen soll.«

»Hab ich doch.«

»Quatsch, ich hab doch Ohren. Du hast nur gesagt, dass der Kopierer kaputt ist.«

»Ja, das sag ich doch nicht zum Spaß. Ich dachte, du hilfst mir.«

»Hab ich je behauptet, dass ich Gedanken lesen kann? Wie soll ich wissen, was du denkst?«

Ja, so ist das, wenn man mit Zaunpfählen winkt. Der Gesprächspartner hat die freie Wahl, wie er das Gesagte verstehen will. Und häufig versteht er nur Bahnhof. Aber lassen Sie uns an dieser Stelle ganz genau sein. Der Hinweis auf eine Tatsache (»Der Kopierer streikt schon wieder«) ist noch keine Bitte. Es ist nur eine Feststellung. So ähnlich wie »Die Erde ist rund« oder »Heute ist Mittwoch«. Das sind auch keine Bitten.

Je klarer Sie Ihre Bitte ausdrücken, umso größer ist die Chance, dass Sie damit auch verstanden werden.

Sie können hundertmal zu einem vertrauten Mitmenschen sagen »Der Mülleimer ist voll« oder »Der Rasen müsste mal gemäht werden«, »O nein, mein Computer spinnt schon wieder!« und nichts passiert. Alles nur Feststellungen und keine Bitten.

Ein kleines Quiz zeigt Ihnen, wie unterschiedlich man so einen Wink mit dem Zaunpfahl deuten kann. In diesem Quiz präsentiere ich Ihnen jeweils einen Satz und anschließend kommen jeweils drei Möglichkeiten, wie man diesen Satz verstehen kann. Sie dürfen raten, was der Sprecher oder die Sprecherin wohl tatsächlich gemeint hat.

»Mein Gott, fährst du schnell! Du rast hier mit fast hundertzwanzig über die Landstraße!«
Das soll eigentlich heißen ...
1. Ich bewundere deine Fahrkünste. Wie schnell du hier auf der Landstraße fährst – einfach toll!
2. So schnell bin ich hier noch nie gefahren. Das ist eine völlig neue Erfahrung für mich.
3. Mir ist das zu schnell. Bitte fahr langsamer.

»Sag mal, sind dir die Arme abgefallen oder warum steht deine Schultasche hier auf der Treppe?«
Was bedeutet dieser Satz?
1. Ich mache mir Sorgen um deine Gesundheit. Ist mit deinen Armen alles in Ordnung oder musst du zum Arzt?
2. Deine Schultasche taucht immer wieder an überraschenden Orten auf. Ich frage mich, woran das liegen könnte? Welche Ursachen hat dieses Schultaschen-Phänomen? Liegt es an deinen Armen?
3. Bitte räum deine Schultasche weg.

»Uff, die Luft ist hier aber stickig und dabei sind auch noch alle Fenster zu.«
Was will man uns mit diesem Satz sagen?
1. Erstaunlich, wie schnell der Sauerstoff verbraucht ist und die Luft stickig wird.
2. Die Fenster schließen wirklich fest. Da kommt kein Lufthauch durch. Und schon verändert sich das Raumklima.

3. Könnten Sie bitte ein Fenster aufmachen, um hier frische Luft reinzulassen.

»Also das nervt jetzt wirklich! Musst du mir andauernd ins Wort fallen?«
Was bedeutet diese Aussage?
1. Ich versuche, aus dir schlau zu werden. Dabei frage ich mich, ob du unter einem unheimlichen Zwang stehst oder mich aus freiem Willen unterbrichst?
2. Meine seelische Verfassung ist zur Zeit nicht die beste. Ich habe im Moment Schwierigkeiten, deine Unterbrechungen zu tolerieren. Ich hoffe aber, ich werde langfristig wieder stabiler werden und dir gegenüber toleranter sein.
3. Bitte unterbrich mich nicht.

Wenn Sie ein geübter Zaunpfahl-Winker sind, werden Sie vermutlich immer auf die dritte Möglichkeit getippt haben. Sie hören den Appell heraus, und Sie wissen, was getan werden soll. Aber das ist eben nur eine von vielen Möglichkeiten, wie man die jeweilige Aussage verstehen kann.

Wenn es um Ihre Wünsche geht, beenden Sie das Rätselraten. Denn solange Ihr Gesprächspartner die freie Wahl hat, wie er Ihre Bemerkungen verstehen will, so lange kann es Ihnen passieren, dass nichts passiert. Deshalb: Lassen Sie nicht zu, dass man Sie falsch versteht.

Hier sind zwei Tipps, die Ihnen helfen, Ihre Bitten und Wünsche unmissverständlich auszudrücken.

Drücken Sie Ihre Bitte unmissverständlich aus

- Sagen Sie in wenigen einfachen Worten, was Sie von Ihrem Gegenüber wollen. Bleiben Sie dabei freundlich oder zumindest sachlich-neutral, beispielsweise so:

  »Bitte, kannst du …«

  »Das möchte ich bitte so haben …«

  »Ich wünsche mir Folgendes …«

  »Ich möchte bitte, dass Sie …«

  »Würdest du bitte …«

- Wenn Sie eine Tatsache ansprechen und Sie möchten, dass Ihr Gegenüber etwas tut, dann sagen Sie das auch deutlich. Am besten in zwei einfachen Sätzen. Zuerst die Tatsache und dann gleich danach Ihre Bitte. Beispielsweise so:

  »Die Suppe ist schon ganz kalt. Könnten Sie mir bitte eine heiße Suppe bringen.«

  »Der Mülleimer ist voll. Leer ihn bitte aus, wenn du rausgehst.«

  »Ich weiß nicht, woran es liegt, aber der Motor rasselt so komisch. Würden Sie bitte mal nachsehen, woher das Geräusch kommt?«

Wie Sie den fünften Stolperstein vermeiden: Drücken Sie Ihren Ärger clever aus

Freundlichkeit funktioniert wie ein zwischenmenschliches Schmieröl. Sie sorgt dafür, dass wir möglichst reibungslos miteinander umgehen können. Einer freundlich vorgetragenen Bitte (»Könnten Sie mich bitte durchlassen«) kommen wir gern nach. Aber eine harsche Anweisung (»Lassen Sie mich gefälligst durch!«) löst Widerstand aus. Wo Freundlichkeit fehlt, macht sich schnell Ablehnung breit. So weit, so gut. Im Alltag ist es aber manchmal nicht ganz so leicht, nur freundlich zu sein. Besonders dann nicht, wenn man genervt ist oder sich über jemanden ärgert.

Eine freundlich vorgetragene Bitte wird eher erfüllt.

Nehmen wir beispielsweise dieses Paar im Restaurant. Beide sitzen zusammen an einem Tisch und warten auf das Essen. Sie steckt sich gerade eine Zigarette an. Ihr Gesprächspartner ist darüber ziemlich sauer: »Wie kann man nur so rücksichtslos sein! Du weißt genau, dass ich den Qualm nicht vertrage, aber du steckst dir hier eine Zigarette nach der anderen an. Wirklich unverschämt!« (Unter uns Experten – war da eine Bitte drin versteckt?)

Wie wird wohl die Raucherin darauf reagieren? Wird sie sich jetzt brav entschuldigen und die Zigarette sofort ausmachen? Eher unwahrscheinlich nach so einem Anpfiff. Viel wahrscheinlicher ist, dass sie diese Attacke mit einer Gegenattacke beantwortet. Das klingt dann ungefähr so: »Was bildest du dir eigentlich ein? Muss denn jeder nach deiner Pfeife tanzen? Und überhaupt, in so einem Tonfall lass ich nicht mit mir reden. So kannst du mit deinem Hund reden, aber nicht mit mir.« Und schon ist ein Streit entstanden, den eigentlich niemand wollte. In einem solchen Kampfklima gibt es kein Entgegenkommen und keine Nachgiebigkeit mehr. Und Bitten werden auch nicht mehr erfüllt.

Hinter jeder Nörgelei versteckt sich eine stumme Bitte.

Ein weit verbreiteter Irrglaube in Sachen Selbstbehauptung lautet: »Um mich durchzusetzen, muss ich schimpfen und vielleicht sogar laut werden.« So kann man sich vielleicht durchsetzen, wenn man drei Jahre alt ist. Aber als Erwachsener macht man damit kaum Eindruck.

**Je mehr Sie Ihren Gesprächspartner
angreifen, umso geringer sind die
Chancen, dass er Ihre Wünsche erfüllt.**

Wenn Sie nörgeln, Vorwürfe machen oder schimpfen, wird
Ihr Gegenüber wahrscheinlich dichtmachen. Der andere wird
sich weigern, auf Sie einzugehen, weil er sich angegriffen fühlt.
Dieses Dichtmachen kann unterschiedlich aussehen. Ihr Gesprächspartner wird

- Ihnen nicht mehr zuhören,
- sich sofort verteidigen,
- mit einem blöden Spruch kontern,
- die Sache abwiegeln,
- Ihnen die Schuld geben oder
- das Gespräch beenden.

Bei zu viel Ärger oder
Vorwürfen macht
der Gesprächspartner
innerlich dicht

Natürlich machen nicht alle Menschen innerlich dicht, wenn
man mit ihnen schimpft oder ihnen Vorwürfe macht. Es
gibt auch Ausnahmen. Beispielsweise Psychotherapeuten
oder Zenmeister. Solche Leute können möglicherweise Ihren
Ärger ertragen, ohne gleich die Rollläden runterzulassen –

vielleicht. Aber der Rest der Menschheit reagiert auf das Ausgeschimpftwerden doch vorhersehbar, nämlich mit einem abwehrenden Nein.

Was können Sie also tun, wenn Sie ärgerlich sind, aber wollen, dass sich etwas ändert? Zunächst ist es wichtig, dass Sie sich Ihren Ärger eingestehen. Es ist vollkommen in Ordnung, dass Sie sich so fühlen. Als Nächstes behalten Sie das im Auge, was Ihnen am wichtigsten ist. Wollen Sie Ihren Ärger rauslassen und sich beschweren? Oder wollen Sie vor allem, dass sich etwas ändert und Ihre Bitte erfüllt wird?

Jedes Gefühl, das Sie fühlen – auch Ihr Ärger – ist in Ordnung.

Wenn Sie möchten, dass Ihre Bitte erfüllt wird, gehen Sie strategisch vor. Halten Sie Ihren Ärger zurück und reden Sie möglichst nüchtern und sachlich über das, was Sie wollen.

So reklamieren Sie, ohne den anderen anzugreifen

- Sprechen Sie mit Ihrem Gegenüber, ohne ihm (oder ihr) die Schuld zu geben, ohne wütenden Tonfall und ohne herabsetzende Worte. Meistens geht das erst, nachdem Sie sich etwas beruhigt haben. Kommen Sie zuerst mit sich ins Reine und machen Sie sich klar, was Sie wollen, bevor Sie losreden. Erst sich besinnen, dann die Aktion.
- Konzentrieren Sie sich auf das, was Sie von Ihrem Gegenüber wollen. Was wünschen Sie sich vom anderen? Halten Sie keine Standpauken und machen Sie keine langen Vorhaltungen. Drücken Sie Ihren Wunsch klar und unmissverständlich aus. Benutzen Sie dabei höfliche Worte.

- Hören Sie zu, was Ihnen Ihr Gegenüber antwortet. Denken Sie daran, dass Ihr Gesprächspartner das Recht hat, Ja oder Nein zu Ihrer Bitte zu sagen. Und dass er – bevor er Ihnen antwortet – auch in Ruhe darüber nachdenken kann.
- Achten Sie bei Beschwerden oder geschäftlichen Reklamationen darauf, dass Sie nicht pauschal über das jeweilige Kaufhaus, Restaurant, Hotel etc. schimpfen. Viele Mitarbeiter identifizieren sich mit der Firma, in der sie arbeiten. Greifen Sie die Firma an, reagieren die Beschäftigten schnell abwehrend, und Ihre Bitte wird nicht erfüllt.
- Seien Sie bereit, Ihren Wunsch – ganz ruhig – zu wiederholen, wenn er nicht gleich verstanden wurde.

Was aber, wenn Sie beides wollen? Wenn Sie einerseits Ihren Ärger zeigen möchten, aber andererseits auch wollen, dass man Ihre Bitte erfüllt? Nun, dann sind Sie bei der Quadratur des Kreises angekommen. Aber das geht – mit etwas Disziplin und Geschick.

Lassen Sie Ihren Ärger oder Ihren Frust nicht einfach raus, sondern drücken Sie Ihre Gefühle so aus, dass bei Ihrem Gesprächspartner keine Abwehr entsteht. Das geht am besten mit einer Ich-Botschaft. Reden Sie von sich und von Ihren Gefühlen, statt dem anderen die Schuld zu geben.

**Geben Sie Ihrem Gegenüber keine
Schuld an Ihrem Ärger. Niemand
kann Sie ärgerlich machen.
Das machen Sie selbst.**

Wenn Sie in der Ich-Form sprechen, sagen Sie, wie es Ihnen geht, ohne fiese Bemerkungen und Angriffe. Sagen Sie in der Ich-Form beispielsweise »Ich bin enttäuscht« und nicht »Du hast mich enttäuscht.« Oder: »Als ich das gesehen habe, wurde ich richtig ärgerlich. Und ich bin es noch. Ich möchte bitte, dass du ...«

Und nicht: »Du machst mich richtig wütend mit dem Mist, den du da wieder verzapft hast.«

Die Ich-Botschaft verhindert den Angriff, vorausgesetzt, Sie sagen nicht so etwas wie: »Ich halte dich für einen ziemlichen Idioten.« Da kommt zwar auch das Wort »ich« drin vor, aber mit dem Wort »Idiot« greifen Sie den anderen an.

Die eigenen Gefühle in eine Ich-Botschaft zu bringen, verlangt von Ihnen eine gewisse sprachliche Disziplin. Statt wie aus der Pistole geschossen loszureden, halten Sie zunächst kurz inne und stellen fest, wie Sie sich fühlen. Dann überlegen Sie, wie Sie Ihre Gefühle am besten in Worte fassen können.

Sprechen Sie über Ihre Gefühle und Wünsche, statt den anderen anzuklagen.

Anfangs mag Ihnen diese Art zu reden vielleicht noch etwas ungewohnt vorkommen. Aber das ändert sich, wenn Sie es ein paarmal geübt haben. Sie werden merken, dass diese Art zu sprechen viel wirksamer ist als zu nörgeln oder zu schimpfen. Mit einer Ich-Botschaft zeigen Sie dem anderen, wie Ihnen zumute ist, ohne ihn anzugreifen. Damit erhöhen Sie die Chancen, dass Ihr Gegenüber Ihnen auch wirklich zuhört. Wichtig ist, dass Sie nach der Ich-Botschaft auch eine konkrete Bitte aussprechen. Denn nur so weiß der andere, welche Verbesserungen Sie sich wünschen.

Häufige Fragen zur Selbstbehauptungsstrategie »Das kraftvolle Wollen«

»Im Prinzip finde ich es richtig, die eigenen Wünsche auszusprechen. Aber muss man immer über alles reden? Man kann sich doch auch wortlos verstehen.«

Ja, das gibt es. Wenn Leute längere Zeit miteinander arbeiten oder zusammenleben, stellen sie sich aufeinander ein. Mit der Zeit weiß man, dass der andere ein Morgenmuffel ist und lieber Tee als Kaffee zum Frühstück trinkt. Man kennt die Gewohnheiten seiner Mitmenschen.

Es gibt dennoch ein Aber bei dieser Sache. Ich höre in meinen Trainings oft Äußerungen, die enttäuscht klingen: »Wir arbeiten nun schon so lange zusammen. Er müsste doch eigentlich wissen, dass mir das nicht gefällt.« Oder: »Wir sind seit zehn Jahren verheiratet, da müsste sie doch eigentlich meine Bedürfnisse kennen.« Immer wenn ich solche Sätze höre, weiß ich, dass da jemand gerade an seinen stummen Erwartungen erstickt.

Reden Sie mit Ihren Mitmenschen über Ihre Wünsche, auch wenn Sie sie schon lange kennen.

»Eigentlich müsste er (oder sie) doch wissen, was ich brauche« – das ist eine gefährliche Unterstellung. Dahinter steckt die Illusion, man würde sich im Laufe der Zeit gegenseitig so gut kennen, dass man nicht mehr miteinander reden muss. So, als könnte jeder vom anderen die Gedanken lesen und automatisch erkennen, was der andere will und braucht. Aber in Wirklichkeit passiert etwas ganz anderes. Menschen verändern sich im Laufe der Zeit. Und Beziehungen verändern sich auch.

Sie und ich, wir beide sind nicht die gleichen Menschen wie vor zehn Jahren. Nicht einmal die gleichen wie vor zehn Tagen. Wir lernen, wir entwickeln uns weiter und das tun wir ständig. Was für Sie gestern wichtig war, kann heute für Sie uninteressant sein. Was für Sie heute früh noch kein Thema war, kann heute Abend für Sie enorm brisant sein. Wir kommen ständig auf neue Ideen und andere Gedanken.

Die meisten Beziehungen sterben nicht beim Streiten, sondern beim Schweigen.

Wenn wir glauben, wir würden uns beim anderen auskennen, irren wir uns. Wir beziehen uns auf ein Bild vom anderen, das wir von früher kennen. So wie der andere vor fünf Jahren war oder vor einer Woche. Oder heute Morgen. Aber das ist immer ein altes Bild.

Wir brauchen den ständigen Austausch. Solange wir miteinander reden, stellen wir uns immer wieder neu aufeinander ein. Wir zeigen uns gegenseitig, wie es uns jetzt geht, was wir uns jetzt wünschen und was wir nicht mögen. Immer wieder aufs Neue.

»An meinem alten Arbeitsplatz gab es viel Streit. Jetzt habe ich einen neuen Job. Sollte ich da gleich meine Wünsche äußern? Oder ist es besser abzuwarten?«

Vielleicht ist es ganz gut, wenn Sie nicht gleich an Ihrem ersten Arbeitstag, in den ersten zehn Minuten alle Ihre Wünsche vortragen. Aber im Laufe der Einarbeitung ist es schon wichtig, dass Sie zeigen, wer Sie sind. Das Ganze ist eine Mischung aus Anpassung und Eigensinn. Sie lernen, welche Gepflogenheiten in dieser Firma vorherrschen, beispielsweise ob man sich morgens mit einem Händedruck begrüßt oder nur locker »Hallo!« sagt. Und Sie merken, was Ihre Kollegen von Ihnen erwarten. Aber Sie zeigen auch, wie Sie gestrickt sind, was Sie sich wünschen, welche Vorlieben und Abneigungen Sie mitbringen.

Jeder Wunsch, den Sie äußern, schafft die Basis für eine bessere Verständigung. Sie sind kein Buch mit sieben Siegeln, sondern jemand, bei dem man weiß, woran man ist. Machen Sie das in dem Tempo, das Sie für angemessen halten.

»Was mache ich, wenn andere Leute zu mir sagen, ich wäre mit meinen Wünschen und Bitten doch nur egoistisch?«
Für mich bedeutet egoistisch sein nichts Negatives. Egoistisch sein heißt nur, gut für sich selbst zu sorgen. Indem Sie gut für sich selbst sorgen, übernehmen Sie die Verantwortung für sich. Sie drücken diese Verantwortung keinem anderen aufs Auge. Sie kümmern sich um Ihre eigenen Belange und um Ihre Bedürfnisse. Das ist erwachsen und weise.

**Lassen Sie sich durch das Wort
»egoistisch« keine Schuldgefühle
einreden.**

Nur wenn Sie gut für sich selbst sorgen, können Sie sich auch gut um andere Menschen kümmern. Solange Sie in einer guten Verfassung sind, können Sie aus dem Vollen schöpfen und anderen Menschen etwas geben. Deshalb holen Sie sich ganz egoistisch das, was Ihnen guttut. Verwöhnen Sie sich, behandeln Sie sich wie das Kostbarste, was Sie im Leben haben. Kurzum: Betten Sie sich selbst auf Rosen. So bekommen Sie die Energie, die letztlich auch Ihren Mitmenschen zugutekommt. Wer fürsorglich mit sich selbst umgeht, sorgt damit immer auch für andere. Und erlauben Sie allen Ihren Mitmenschen, auch so gut für sich selbst zu sorgen.
Aber was ist mit denjenigen, die Ihnen diese Selbstfürsorge übel nehmen? Oft sind das Menschen, die Sie entweder manipulieren wollen, indem sie Ihnen ein schlechtes Gewissen machen. Oder es sind Menschen, die sich selbst sehr aufopfern und dabei vielleicht schon lichterloh ausbrennen. Solche Men-

schen sind manchmal neidisch, wenn sie merken, dass jemand gut für sich selbst sorgen kann.

Aber jetzt mal unter uns: Was kümmert Sie eigentlich die Meinung anderer Menschen? Wenn jemand Sie für selbstsüchtig hält, ist das nicht Ihre Angelegenheit. Es ist die Meinung eines anderen Menschen, und die geht Sie im Prinzip nichts an. Sie müssen gegen diese Meinung nicht ankämpfen und Sie müssen auch nicht darüber diskutieren. Schließlich ist Ihr Leben kein Schaulaufen vor den Preisrichtern. Sie stehen nicht zur Beurteilung. Wenn jemand Sie dennoch beurteilt, ist es sein Problem, und das lassen Sie beim anderen. Jeder darf denken, was er will, und Sie tun das, was Sie für richtig halten. Ihr Schutzschild und Ihre königliche Muthaltung helfen Ihnen dabei (siehe 1. Kapitel). Und falls jemand Sie in einem abfälligen Tonfall egoistisch nennt, können Sie gelassen antworten: »Ja, vielen Dank! Ich sorge wirklich gut für mich selbst. Freut mich, dass Sie das gemerkt haben.«

> **Machen Sie sich nicht davon abhängig, wie andere Menschen Sie beurteilen.**

Der einfache Weg zum Besseren

Wie sieht es bei Ihnen aus, trauen Sie sich, um alles zu bitten, was Sie sich wünschen? Ich selbst habe früher manchmal einfach nicht über meine Wünsche nachgedacht. Es ist mir überhaupt nicht in den Sinn gekommen, um das zu bitten, was mir guttut und was ich brauche. Erst andere Menschen haben mir gezeigt, dass eine einfache Bitte das Leben viel angenehmer machen kann.

Ich erinnere mich an eine kleine, aber eindrucksvolle Szene, die ich an einer Hotelrezeption erlebt habe. In diesem

Hotel fand am nächsten Tag eine Fortbildung statt, an der ich
teilnahm. Ich stand an der Rezeption und wollte gerade ein-
checken, als eine Frau mit ihrem Koffer eilig aus dem Fahrstuhl stieg und sich direkt neben mich stellte. »Entschuldigung«, sagte sie und lächelte mich an. »Darf ich mich kurz
vordrängeln?« Ja, das durfte sie. Ich trat einen Schritt zur
Seite. Die Frau bedankte sich bei mir und sprach den Mann
hinter der Rezeption an. Sie legte einen Zimmerschlüssel auf
den Tresen. »Sie haben mir eben dieses Zimmer hier gegeben.
Aber es liegt zur Straßenseite und ist etwas laut. Könnten Sie
mir bitte ein Zimmer geben, das auf der anderen Seite liegt, in
Richtung Park? Ich bin sehr lärmempfindlich.« Ja, die Frau
bekam ein ruhigeres Zimmer. Mit dem neuen Zimmerschlüssel in der Hand hielt sie einen Moment inne und sagte: »Verzeihung, ich habe noch eine Bitte. Sie haben in den Betten
so große Federkissen. Hätten Sie vielleicht auch ein etwas
kleineres, festes Kopfkissen? So etwas wie ein Nackenstütz-
kissen?« Der Mitarbeiter antwortete: »Ja, ich schau gern mal
nach, ob ich noch so ein festeres Kopfkissen für Sie finde. Ich
bringe es dann auf Ihr Zimmer. Darf es sonst noch etwas
sein?« »Nein, vielen Dank«, sagte die Frau strahlend. »Im
Moment wäre das alles.« Dann stieg sie mit ihrem Koffer wieder in den Fahrstuhl.

**Mit jeder Bitte, die Sie aussprechen,
geben Sie Ihrem Mitmenschen die
Chance, Ihnen entgegenzukommen.**

Wie sich später herausstellte, war sie auch eine Teilnehmerin
bei der Fortbildung, und sie hatte mich inspiriert. Ich bat an
der Rezeption auch um ein ruhiges Zimmer zur Parkseite hin
und um ein festeres Kopfkissen. Ich bekam beides.

Am nächsten Morgen traf ich die Frau im Frühstücksraum
wieder, und wir unterhielten uns. Sie trank, wie ich auch, Tee.
Nur sah ihr Tee anders aus.

»Das ist japanischer grüner Tee«, erklärte sie mir. »Den liebe ich sehr.«

»Haben Sie sich den Tee von zu Hause mitgebracht?«, fragte ich, »hier auf dem Frühstücksbüfett habe ich keinen grünen Tee gesehen, nur schwarzen Tee.«

Sie antwortete: »Oh, hier gibt es auch grünen Tee. Man muss nur danach fragen.«

Ehrlich gesagt, ich war beeindruckt. Diese Frau bat um alles, was sie wollte. Und sie tat das mit einer großen Selbstverständlichkeit und einer natürlichen Freundlichkeit. Ohne sie wäre ich nie auf die Idee gekommen, um ein ruhiges Zimmer zu bitten oder um andere Teesorten. Ich wäre mit dem zufrieden gewesen, was man mir zugeteilt hätte. Das wäre zweifellos auch in Ordnung gewesen – aber eben nicht optimal.

Ihre Bitten sind keine Last, sondern ein Zeichen Ihres Selbstvertrauens.

Diese Frau zeigte mir, dass es leicht ist, noch etwas Besseres für sich herauszuholen. Und zwar ohne zu kämpfen. Einfach nur, indem man darum bittet.

Von Hemmungen und anderen Wunschbremsen

Vielleicht werden unsere Wünsche nicht überall so reibungslos erfüllt wie in diesem guten Hotel. Aber wir könnten es ausprobieren. Schließlich heißt es ja: Versuch macht klug.

Aber warum stiefeln wir nicht einfach los und bitten überall und jeden um das, was wir gern hätten? Was hindert uns daran, jede Woche hundertmal oder öfter eine Bitte auszusprechen? Wie schnell sind wir doch dabei, uns selbst zu hemmen und unsere Wünsche zu unterdrücken. Statt einfach neugierig auszuprobieren, was geht, sind wir manchmal viel zu abgeklärt. Scheinbar wissen wir schon im Voraus, wie die Sache ausgeht. Bevor unser Wunsch überhaupt ans Licht und über unsere Lippen kommt, sagen wir zu uns selbst: »Ach, das klappt ja doch nicht. Das kann ich mir gleich abschminken.« Wir hemmen uns selbst.

Wenn Sie von vornherein denken, »Das klappt ja doch nicht«, blockieren Sie sich selbst.

Für mich als Kommunikationstrainerin sind diese Es-geht-nicht-Bremsen sehr interessant. Denn hier beginnt der Teil meiner Arbeit, der über das pure Training der Strategien hinausgeht. Ich habe mich lange mit den Blockaden beschäftigt, die es uns schwer machen, andere Menschen ungehemmt um etwas zu bitten. Also, was hindert uns daran, unsere Wünsche in Worte zu kleiden und als Bitte auszusprechen?

Die Angst vor dem Nein

»Was ist, wenn meine Bitte abgelehnt wird und die Antwort Nein lautet? Dann steh ich als Verlierer da, wie ein Depp.«

Solche Sätze höre ich oft von meinen Trainingsteilnehmern. Also lieber nichts fordern, keine Bitten äußern, dann wird man auch nicht mit einem Nein abgelehnt. »Sag nichts – dann blamierst du dich auch nicht«, das flüstert uns die Angst zu. Und diese Angst bremst uns.

Es ist richtig, es ist ein gewisses Risiko, denn wer fragt und um etwas bittet, kann auch ein Nein kassieren. Es gibt nirgendwo eine Garantie dafür, dass unsere Bitten auch immer erfüllt werden. Natürlich gibt es auch die Chance auf ein Ja. Aber das ist nicht ganz sicher. Und in dieser Unsicherheit breitet sich die Angst aus.

Ein Nein ist keine Niederlage, sondern nur eine Antwort.

Um gelassen mit einem Nein fertig zu werden, brauchen Sie zweierlei: erstens eine entspannte Einstellung zum Nein. Eine innere Haltung, die es Ihnen erlaubt, ein Nein als das hinzunehmen, was es ist, nämlich eine Antwort auf eine Bitte. Nur eine Antwort, nicht mehr und nicht weniger. Wenn Sie das Nein in seiner ganzen Schlichtheit sehen, wird es undramatisch und letztlich auch unproblematisch.

Manchmal ist ein Nein nur eine Etappe in einem Gespräch.

Zweitens brauchen Sie ein paar rhetorische Werkzeuge, die es Ihnen ermöglichen, aus einem Nein noch etwas für sich herauszuholen. Denn manchmal ist ein Nein nicht das letzte Wort, sondern nur eine Etappe in einem Gespräch. Viele Menschen antworten auf eine Forderung erst einmal mit Nein.

Wenn Sie flexibel darauf reagieren, können Sie hinter das Nein gehen und dort eine erfolgreiche Verhandlung führen.

Von der Kunst, ein Nein gelassen aufzunehmen

Ich hoffe sehr, dass diese zweite Selbstbehauptungsstrategie Sie ermuntert, die Anzahl Ihrer Bitten zu verdoppeln oder zu verdreifachen. Probieren Sie das ruhig einmal aus. Machen Sie es als Experiment, sozusagen als Forschungsauftrag in eigener Sache.

Wenn Sie es wagen, häufiger um etwas zu bitten, werden Sie zwei Erfahrungen machen. Einerseits werden Sie merken, dass einige Ihrer Bitten problemlos erfüllt werden. Andererseits werden Sie auch hin und wieder ein Nein hören. Manches von dem, was Sie wollen, wird abgelehnt. Dabei ist so ein Nein kein Beinbruch und auch keine Blamage. Es bedeutet weder, dass Sie etwas falsch gemacht haben, noch dass Ihr Gegenüber schlecht oder fies ist. Es heißt nur: Im Moment geht es hier nicht weiter.

Es lohnt sich immer, eine Bitte auszusprechen. Auch wenn die Antwort Nein lautet.

Ein Nein zeigt Ihnen, dass Ihre Bitte hier und jetzt nicht erfüllt wird. Aber das kann später schon anders aussehen. Vielleicht, nachdem Sie hartnäckig waren. (Mehr zum Thema Hartnäckigkeit finden Sie im 4. Kapitel.) Oder nachdem Sie es an einem anderen Ort versucht haben. Ein Nein ist bloß ein Jetzt-hier-Nicht, aber es ist kein Niemals. Ein Nein kann bedeuten: Probier etwas anderes. Sei kreativ und lass dir was einfallen.

Wenn Ihr Gegenüber Nein sagt, gilt das für Ihren Wunsch. Das, was Sie wollen, wird abgelehnt, nicht aber Sie als Person. Ihre Bitte ist in Ordnung, und Sie sind in Ordnung. Aber Ihr Gesprächspartner entscheidet aufgrund seiner Situation und das ist allein seine Sache. Wie immer Ihr Gegenüber sich entscheidet, es hat etwas mit ihm zu tun, nicht mit Ihnen. Ihr Schutzschild hilft Ihnen, ein Nein nicht persönlich zu nehmen.

Wie Sie ein Nein für sich nutzen können

»Aber was mache ich denn konkret, nachdem jemand Nein zu mir gesagt hat?«, fragte mich eine Seminarteilnehmerin. »Ich habe in einem sehr guten Geschäft einen schönen Mantel gefunden. Das gute Stück passte mir hervorragend und hatte genau die richtige Farbe. Das Einzige, was mich störte, war der Preis. Also hab ich all meinen Mut zusammengenommen und die Verkäuferin gefragt, ob sie mir mit dem Preis entgegenkommt. Aber die Verkäuferin hat sofort Nein gesagt. Was mach ich nach so einem Nein?« Das ist eine sehr gute Frage. Denn eine abgelehnte Bitte ist nicht automatisch das Ende eines Gespräches.

Ich habe hier für Sie eine Strategie zusammengestellt, die Ihnen hilft, nach einem Nein weiterzumachen, um doch noch etwas zu erreichen. Wenn Sie diese Strategie lesen, denken Sie daran, dass Sie im Alltag verschiedene Lösungen ausprobieren können. Testen Sie nach einem Nein, womit Sie bei Ihrem Gesprächspartner am besten weiterkommen.

Selbstbehauptungsstrategie: Wie Sie nach einem Nein doch noch etwas erreichen können

1. Fragen Sie nach den Gründen für das Nein

Nicht immer können Sie von außen erkennen, warum Ihr Gegenüber Nein sagt. Oft wird das Nein nicht konkret begründet, sondern Sie bekommen nur ein pauschales »Geht nicht« zu hören. Fragen Sie nach, warum es nicht geht. Wenn Sie die genauen Hintergründe kennen, findet sich oft doch noch eine Lösung.

Sie bekommen keinen Rabatt für den Mantel, den Sie sich ausgesucht haben? Warum nicht? Weil die Verkäuferin keine Rabatte geben kann. Warum nicht? Weil das nur die Ladeninhaberin kann. Okay, bitten Sie die Verkäuferin darum, dass sie die Inhaberin nach einem Rabatt fragt. So kommt Bewegung in die Sache. Und es kann sein, dass Sie nun doch noch etwas für sich raushandeln können.

2. Bitten Sie Ihr Gegenüber um Ratschläge und Lösungen

Ihr Gesprächspartner sagt Nein. Aber genau dieser Gesprächspartner hat vielleicht wertvolle Erfahrungen und Kenntnisse, die Ihnen weiterhelfen könnten. Versuchen Sie, an diese Kenntnisse heranzukommen. Mit ganz schlichten Fragen können Sie Ihr Gegenüber zum Sprechen bringen und ihm wertvolle Tipps entlocken. Schildern Sie Ihr Problem und fragen Sie Ihren Gesprächspartner, was er an Ihrer Stelle jetzt tun würde. Beispielsweise so:

- »Was würden Sie jetzt tun, wenn Sie an meiner Stelle wären?«
- »Was würden Sie mir vorschlagen, wie ich das erreichen könnte?«
- »Was müsste ich Ihrer Meinung nach tun, um das hinzubekommen?«

3. Hören Sie Ihrem Gesprächspartner sehr aufmerksam zu

So manche Lösungsidee kommt in unauffälligen Worten daher. Deshalb gilt: Fragen stellen und dann die Antworten wie ein Schwamm aufsaugen. Wenn Sie sehr aufmerksam zuhören, fühlt sich Ihr Gegenüber vielleicht sogar ermuntert, aus dem Nähkästchen zu plaudern, und dabei kommen dann die ganz geheimen Tipps ans Licht. Auf jeden Fall bedanken Sie sich am Ende des Gespräches für seine Hilfsbereitschaft.

4. Fangen Sie an zu verhandeln

Wie wäre es, wenn Sie Ihren Wunsch ein wenig verändern? Beispielsweise, indem Sie Ihre Bitte runterschrauben oder halbieren. Oder Sie weichen auf einen ganz anderen Wunsch aus. Nehmen wir einmal an, das mit dem Preisnachlass für den Mantel hat geklappt, aber für die Hose gibt es keine Rabatte. Probieren Sie es mit einem Verhandlungsangebot. Bieten Sie an, für die Hose den vollen Preis zu zahlen, wenn Sie den Schal gratis dazubekommen. Erweitern Sie Ihre Wunschpalette, und werden Sie flexibler.

Mit der Zeit merken Sie, dass ein Nein nicht wehtut. Die wirkliche Mutprobe besteht darin, eine Bitte zu äußern und nach dem zu fragen, was Sie wollen. Das allein ist schon bewundernswert, egal, wie die Sache ausgeht. Klar, ein Ja wäre besser, aber ein Nein wird Sie nicht weiter erschüttern. Viele Bitten und viele Antworten. Mal heißt es Ja, mal Nein. Aber immerhin, Sie haben es gewagt. Darauf kommt es an. Sie werden erstaunt sein, was Sie alles erreichen können, wenn Sie erst einmal die Scheu vor einem Nein verloren haben.

Im kommenden Kapitel stelle ich Ihnen die dritte Selbstbehauptungsstrategie vor, und dort geht es auch um das Nein. Nur in die andere Richtung. Es geht um Ihre Abgrenzung, um Ihr Nein anderen Menschen gegenüber. Und wie sieht es damit aus? Können Sie gut Nein sagen?

Die **dritte**
Selbstbehauptungsstrategie:
Das freundliche Nein

Vielleicht kennen Sie das auch: Eigentlich wollten Sie Nein sagen. Auf keinen Fall wollten Sie die Sache übernehmen oder mitmachen. Und dann ist es doch passiert. Sie haben sich breitschlagen lassen und Ja gesagt. Es kam einfach so aus Ihrem Mund heraus: »Okay, ich mach's.« Oder: »Na gut, ich bin dabei.« Anschließend haben Sie sich geärgert, vor allem über sich selbst. Wieso um alles in der Welt haben Sie nicht Nein gesagt?

Das schwierige Wort Nein

Können Sie sich gut von den Ansprüchen und Erwartungen der anderen abgrenzen? Wenn Sie damit hin und wieder Schwierigkeiten haben – willkommen im Klub! Nein sagen und sich von anderen abgrenzen, das gehört bereits zur hohen Kunst der Selbstbehauptung.

Wenn ich in meinen Seminaren eine Hitliste aufstelle, womit meine Teilnehmer am häufigsten Probleme haben, dann steht das Neinsagen ganz oben auf der Liste. Und falls Sie mich persönlich fragen, »Frau Berckhan, wo hinkt denn Ihre

Selbstbehauptung? Was fällt Ihnen schwer?«, würde ich frei
heraus antworten: »Das Neinsagen«.

Ihr Nein schützt Sie davor,
dass Sie Ihre Zeit und Ihre Energie
verschwenden.

Obwohl ich mich seit über zwölf Jahren mit dem Thema
Selbstbehauptung beschäftige, stolpere ich in meinem Alltag
immer noch über mein fehlendes Nein. Nicht mehr so häufig
wie früher, aber ich stelle noch oft genug fest, dass ich mal
wieder zu schnell Ja gesagt habe. Oder zugelassen habe, dass
sich jemand in meine Sachen einmischt. Oder ich habe ge-
schwiegen, obwohl ich mit dem, was passiert ist, ganz und gar
nicht einverstanden war.

Es ist ein Irrtum zu glauben, man wäre irgendwann fertig
mit der Selbstbehauptung und dann ein für alle Mal selbstsicher. Wir lernen, wir entwickeln uns weiter, und zwar ein
Leben lang. Letztlich sind es immer die gleichen Themen, auf
die wir stoßen. Egal, ob wir zum ersten Mal mit einem
Freund oder einer Freundin eine Wohnung teilen, ob wir ein
Kind bekommen, den Job wechseln oder unsere eigene Firma
gründen. Jedes Mal geht es um unsere würdige Ausstrahlung,
um das Bitten und Fordern, um die Abgrenzung und das
Neinsagen, um unsere Hartnäckigkeit und um unser Selbstvertrauen. Das beschäftigt uns, wenn wir fünfzehn Jahre
alt sind und damit haben wir es auch zu tun, wenn wir acht-
zig Jahre oder älter sind. Unsere Selbstbehauptung ist nicht
irgendwann fertig, sie ist ein ständiger Bestandteil unserer
Kommunikation mit anderen Menschen.

Unsere Selbstbehauptung ist nicht
irgendwann abgeschlossen.
Sie bleibt ein lebenslanger Prozess.

Wie bei allen Selbstbehauptungsstrategien in diesem Buch möchte ich Ihnen auch hier zeigen, wie Sie sich auf eine sanfte Art und Weise durchsetzen können. Es geht um ein Nein, bei dem Sie den anderen möglichst nicht verletzen oder vor den Kopf stoßen. Zugleich ist es auch wichtig, dass Ihr Nein eindeutig und unmissverständlich ist. Und dass Sie es auch konsequent vertreten.

Mit der dritten Selbstbehauptungsstrategie, dem freundlichen Nein ...

... wehren Sie sich dagegen, von anderen Leuten ausgenutzt zu werden,

... können Sie anderen Menschen sagen, was Sie nicht mögen,

... verhindern Sie, dass sich andere Leute in Ihre Angelegenheiten einmischen,

... verhindern Sie, dass *Sie* sich in die Angelegenheiten anderer Leute einmischen,

... können Sie unfaires, verletzendes Verhalten zurückweisen und abwehren.

Von Packeseln und anderen Lastenträgern

Wenn wir uns zu wenig von anderen Menschen abgrenzen, zu wenig Nein sagen, hat das Folgen für uns. Eindeutige Folgen. Ohne ein kräftiges Nein fühlen wir uns, als wären wir eine Billardkugel, die von anderen herumgestoßen wird. Eingeklemmt zwischen Erwartungen und Verpflichtungen. Ständig nur am Funktionieren.

Ich habe einmal aufgelistet, woran Sie diese fehlende Abgrenzung erkennen können. Lesen Sie die nachfolgende Aufstellung durch, und überprüfen Sie, ob einer oder mehrere Punkte auch auf Sie zutreffen. Dabei erkennen Sie vielleicht auch das Muster, mit dem man Sie immer wieder rumkriegen und Ihnen ein Ja entlocken kann.

Was passiert, wenn Sie sich zu wenig abgrenzen

Den Karren aus dem Dreck ziehen

Sie können einfach nicht mitansehen, dass irgendetwas schlecht oder schiefläuft. Wer kriegt es besser hin? Natürlich Sie. Sie lassen sich nicht lange bitten, sondern packen zu. Sie ziehen den Karren aus dem Dreck oder retten die Sache, bevor es zur Katastrophe kommt. So verwandeln Sie sich in einen Packesel. Jeder, der mit etwas nicht klarkommt, wendet sich an Sie. Denn Ihre Mitmenschen lernen blitzschnell, bei wem sie ihre Lasten abladen können. Es ist, als wären Sie ein Magnet für alle Hilflosen und Nichtkönner. So, als würden Sie ein T-Shirt tragen, auf dem steht: Immer her damit, ich schaffe das!

Keiner nimmt Rücksicht auf Sie

Einige (vielleicht auch die meisten) Ihrer Mitmenschen wirken auf Sie ziemlich unsensibel. Beispielsweise lassen diese Leute zu Hause ihre Sachen überall rumliegen, und Sie räumen immer wieder alles auf. Oder Sie werden vollgequatscht und niemand merkt, dass Sie eigentlich nicht mehr zuhören wollen. Sie bekommen schon wieder Tulpen geschenkt, obwohl Sie diese Blume überhaupt nicht mögen. Falls Sie auch das Gefühl haben, Ihre Mitmenschen nehmen viel zu wenig Rücksicht auf Sie, dann kann das eine einfache Ursache haben: Die Leuten wissen nicht, was Sie nicht mögen. Sie sagen viel zu selten Nein. Sie ziehen keine eindeutigen Grenzen. Nein, die Augen verdrehen und genervt aufstöhnen – das reicht nicht.

Einmischung in Ihre inneren Angelegenheiten

Man sagt Ihnen andauernd, was Sie tun sollen und was nicht. Bestimmte Leute brennen darauf, Ihnen Ratschläge zu geben oder Sie vor etwas zu warnen. Meistens sind es vertraute Menschen, die sich bei Ihnen einmischen. Ob dies Ihre Frisur betrifft oder die Art, wie Sie

Auto fahren oder Ihr Liebesleben gestalten – da ist immer jemand, der weiß, was für Sie richtig oder falsch ist. Es ist fast so, als würden Sie mit einem T-Shirt herumlaufen, auf dem steht »Einmischung erwünscht«. Und jeder, der Lust hat, bei Ihnen etwas zu kritisieren, kann das auch ungehemmt tun. Sie setzen sich mit allem auseinander, was man Ihnen an den Kopf wirft. Der Satz »Das geht dich nichts an!«, kommt viel zu selten über Ihre Lippen.

Verantwortung für die Hilflosen

Sind Sie ein großer Kümmerer? Jemand, der sich gern um andere Leute kümmert? Dabei helfen Sie nicht nur, nein, Sie gehen noch einen Schritt weiter und übernehmen Verantwortung für den anderen. Sie sind dafür zuständig, dass es dem anderen gut geht. Oder dass er sein Leben auf die Reihe kriegt. Oder wenigstens die Berufsausbildung abschließt. Es gibt einen Satz, der kommt viel zu selten aus Ihrem Mund. Dieser Satz lautet: »He, mach das mal selbst.« Als Kümmerer springen Sie automatisch auf ganz bestimmte Signale an. Alles, was so rührend hilflos und bedürftig daherkommt, hat gute Chancen, unter Ihre Fittiche genommen zu werden. Und wo bleiben Sie? Wer kümmert sich um Sie, wenn Sie sich dauernd um die anderen kümmern?

Trifft einer dieser Punkte auf Sie zu? Bekommen Sie bitte keinen Schreck, wenn Sie feststellen, dass fast alles auf Sie zutrifft. Was ich hier beschrieben habe, sind keine Dummheiten, sondern wirklich großartige Fähigkeiten und Begabungen. Wenn Sie sich um andere kümmern, die Ärmel hochkrempeln und zupacken können, wenn Sie offen sind für die Ratschläge anderer Menschen, dann sind das keine Fehler, sondern das alles sind wunderbare Fähigkeiten. Etwas, was Sie auszeichnet. Aber diese Fähigkeiten brauchen eine gute Abgrenzung, damit sie nicht verschwendet werden. Eine

Grenze, die verhindert, dass Sie ausgenutzt werden. Diese
Grenze ist Ihr Nein.

**Wer zu viel Ja sagt, läuft Gefahr,
von anderen ausgenutzt zu werden.**

Wie bei allen Selbstbehauptungsstrategien in diesem Buch
geht es nicht darum, dass Sie sich ein bestimmtes Verhalten
verbieten oder abgewöhnen. Sondern es geht um das Gleich-
gewicht. Wer gut Ja sagen kann, braucht auf der anderen
Seite seiner Persönlichkeit ein starkes Nein als Gegengewicht.
Also freuen Sie sich über Ihre Offenheit, Ihre Tatkraft und
Ihre Fürsorge für andere Menschen, aber ziehen Sie auch eine
solide Grenze. Zeigen Sie Ihren Mitmenschen, wo Schluss ist.
Sagen Sie Ja, aber stellen Sie Ihrerseits auch Forderungen an
die anderen. Und sagen Sie konsequent Nein zu allem, was
Ihnen schadet, was Sie verletzt oder überfordert.

Entschlossen und eindeutig
Nein sagen

Das Neinsagen ist im Prinzip sehr einfach. Wichtig ist, dass
Sie dabei nicht lange herumdrucksen oder zu viele Worte machen. Sprechen Sie Ihr Nein so selbstverständlich aus, als würden Sie Ihrem Gegenüber die Uhrzeit oder das Datum sagen.
Diese ruhige Selbstverständlichkeit in Ihrem Tonfall zeigt
Ihrem Gesprächspartner, dass Sie entschlossen sind und dass
es sich nicht lohnt, Ihr Nein infrage zu stellen. Die ganze
Kunst besteht darin, das Nein so zu verkünden, als wäre es
unanfechtbar.

Die wichtigsten Tipps zum Neinsagen habe ich für Sie in
der nachfolgenden Strategie zusammengefasst.

Selbstbehauptungsstrategie: Nein sagen

1. Das eigene Nein erkennen

Stellen Sie *vor* einem Gespräch fest, was Sie nicht mehr wollen, was Ihnen zu viel ist oder was sich für Sie unangenehm anfühlt. Erlauben Sie sich selbst, Nein zu sagen, und geben Sie sich selbst das Recht, hier eine Grenze zu ziehen.

2. Nein sagen

Gehen Sie in Ihre königliche Muthaltung und bauen Sie Ihren Schutzschild auf. Während des Gespräches sprechen Sie in einem höflichen und zugleich entschlossenen Tonfall. Sagen Sie Ihrem Gegenüber deutlich, was Sie nicht wollen oder nicht mögen. Drücken Sie sich in kurzen, einfachen Sätzen aus. Schauen Sie bei Ihrem entscheidenden Nein-Satz den Gesprächspartner direkt an.

3. Keine Rechtfertigungen

Wenn Sie wollen, können Sie kurz erklären, warum Sie Nein sagen. Aber vermeiden Sie es, sich dafür zu rechtfertigen. Denn wenn Sie sich rechtfertigen, zeigen Sie, dass Sie um das Verständnis Ihres Gegenübers buhlen. Und das lädt Ihren Gesprächspartner dazu ein, gegen Ihr Nein anzugehen. Denken Sie daran: Sie können bei Ihrem Nein bleiben, auch wenn Ihr Gegenüber Ihre Gründe nicht versteht.

4. Hartnäckig bleiben

Falls Ihr Nein nicht akzeptiert wird, wiederholen Sie das Ganze noch einmal. Sagen Sie nochmals Nein, wenn nötig mit der gleichen kurzen Begründung. Regen Sie sich dabei nicht auf, sondern bleiben Sie bei Ihrem entschlossenen Tonfall.

Dulden Sie keine schlechte Behandlung

In diesem Kapitel finden Sie zahlreiche praktische Tipps, wie Sie höflich und zugleich bestimmt Nein sagen können. Sie finden hier das sanfte Nein, das Nein, ohne zu verletzen, und das Nein mit diplomatischem Touch.

Aber es gibt auch Situationen, in denen Sie ein knallhartes Nein brauchen. Ein donnerndes Nein, das wie ein Stoppschild auf andere Menschen wirkt. So ein donnerndes Nein brauchen Sie immer, wenn Sie respektlos behandelt oder gedemütigt werden. Bevor ich also mit dem sanften, diplomatischen Nein weitermache, möchte ich Ihnen hier zeigen, wie Sie zu diesem harten Nein kommen. Ein Nein, das Sie hoffentlich nur sehr selten im Alltag brauchen.

Dulden Sie keine Demütigungen und Beleidigungen. Sagen Sie schnell und knallhart Nein.

Bei jeder Form von Demütigung ist es wichtig, dass Sie dieses Gesprächsmuster sofort stoppen. Und zwar konsequent, mit einem Maximum an persönlicher Autorität.

Jede Minute, in der Sie sich demütigen lassen, ist für Ihr Gegenüber wie ein Ja. Es ist so, als würden Sie Ihrem Widersacher signalisieren »Ja, das kannst du mit mir machen«. Und mit jeder Minute, in der Sie nicht Nein sagen, wächst bei Ihrem Gegenüber die Verachtung für Sie. Verachtung, weil Sie sich das bieten lassen. Verachtung, weil Sie so schwach und unterwürfig sind. Das macht das Ganze so gefährlich. Ihre fehlenden Grenzen sind für den anderen wie eine Einladung, noch mehr auf Ihnen herumzutrampeln.

Lachen Sie niemals über eine witzig verpackte Herabsetzung.

Zeigen Sie Ihrem Gegenüber sofort, dass Sie eine schlechte Behandlung keine Sekunde lang dulden. Niemals.

Falls der andere seine Respektlosigkeit lächelnd, locker und lustig verpackt, gilt die Regel: Sie lachen nicht. Demütigungen sind niemals witzig und auch kein Zeichen für Humor. Es ist nicht lustig, wenn Sie (oder jemand anders) respektlos behandelt werden. Verwandeln Sie sich auf der Stelle in einen Spielverderber oder eine Spielverderberin. Das überhaupt nicht lustige Spiel »Ach wie witzig ist diese Demütigung« beenden Sie mit Ihrem klaren Nein. Und darüber, dass Sie diesen »Spaß« verderben, diskutieren Sie mit Ihrem Gegenüber auch nicht.

Noch ein wichtiger Tipp: Widerstehen Sie der Versuchung, es Ihrem Gegenüber heimzuzahlen, indem Sie auch respektlos werden. Damit würden Sie nur auf das gleiche niedrige Niveau sinken, gegen das Sie sich gerade gewehrt haben. Also machen Sie keine beleidigenden Bemerkungen, verpassen Sie dem anderen keine gepfefferte Retourkutsche. Indem Sie selbst auf Herabsetzungen verzichten, zeigen Sie, dass Sie integer und respektabel sind. Bei Demütigungen und Beleidigungen gilt eine machtvolle Kurzfassung der Nein-Strategie und die möchte ich Ihnen hier vorstellen.

Antworten Sie auf eine Beleidigung nicht mit einer Gegenbeleidigung. Sagen Sie einfach nur konsequent Nein.

Selbstbehauptungsstrategie:
So wehren Sie sich mit einem knallharten Nein gegen Demütigungen

- Stehen Sie sofort auf, und gehen Sie in die stärkste königliche Muthaltung, die Ihnen möglich ist.
- Sprechen Sie viel lauter und etwas tiefer als gewöhnlich, und legen Sie eine maximale Autorität in Ihre Stimme. Aber fangen Sie nicht an zu schreien.
- Schauen Sie Ihr Gegenüber durchdringend an. Vergrößern Sie den Abstand zum anderen. Treten Sie zwei Schritte zurück.
- Sagen Sie mit lauter, strenger Stimme ein bis zwei kurze Sätze, die den anderen in die Schranken verweisen. Beispielsweise so:
  »Nein, das will ich nicht. Hören Sie sofort damit auf.«
  »Stopp! Das ist eine Beleidigung. So reden Sie nicht mir.«
  »Schluss jetzt! Das lass ich nicht mit mir machen.«
  »Das ist nicht witzig. So werde ich mit dir nicht weiterreden.«
- Lassen Sie sich nicht in eine Diskussion verstricken. In dem Moment, in dem Sie herabgesetzt, beleidigt oder bedroht werden, ist die Kommunikation zu Ende.
- Notfalls wiederholen Sie Ihr Nein mit den gleichen Worten, wieder und wieder. Oder Sie verlassen die Situation.

Manchen Menschen fällt es zunächst schwer, kraftvoll und mit sehr strenger Stimme zu sprechen. Falls Ihnen das auch so geht, können Sie diese Strategie zunächst allein, zu Hause ausprobieren. Nehmen Sie zwei Stopp-Sätze aus der Strategie und sprechen Sie diese Sätze mit maximaler Autorität und laut, aber ohne zu schreien, gegen eine Wand. Stellen Sie sich dabei vor, Sie würden das einem Widersacher ins Gesicht sagen. Wiederholen Sie die Sätze so lange, bis Sie eine kraftvolle Stimme haben. Ihre königliche Muthaltung sorgt dafür, dass Sie die nötige innere Kraft finden und nach außen hin Selbstsicherheit ausstrahlen.

Willkommen in der Welt der Harmoniebedürftigen

Eigentlich ist es doch ganz einfach: Um Nein sagen zu können, ist es wichtig, dass Sie sich selbst eingestehen, dass Ihnen etwas gegen den Strich geht. Da ist etwas, was Sie stört oder nervt. Wenn Sie das gemerkt haben, sagen Sie Nein oder ziehen Sie eine Grenze. Sie machen deutlich, was Sie nicht mehr wollen.

Mit Ihrem Nein werden Sie wahrhaftiger. Gestehen Sie sich selbst ein, dass es da etwas gibt, was Sie stört.

Nun, theoretisch ist das einleuchtend. Aber nur theoretisch, also auf dem Papier. Lassen Sie uns jetzt in die wirkliche Welt überwechseln, denn dort sieht die Sache häufig anders aus.

Ich berichte jetzt von den Leuten, die am häufigsten meine Selbstbehauptungstrainings besuchen. Das sind Männer und Frauen, die es in ihrem Alltag gern harmonisch haben möchten und die vor allem eins wollen: keinen Streit. Ich gebe es zu, ich gehöre auch zu diesen harmoniebedürftigen Leuten. Oder was glauben Sie, warum ich ein Buch über *sanfte* Selbstbehauptungsstrategien geschrieben habe? Ja, ich mag auch keinen Streit. Und falls Sie auch zu den harmoniebedürftigen Leuten gehören, kennen Sie unser Problem. Wir Harmoniebedürftigen können nur schwer Nein sagen. Natürlich wissen wir rein theoretisch, wie man Nein sagt. Aber weil das Nein die Harmonie stört, versuchen wir es lieber auf die »nette« Tour. Praktisch bedeutet das, wir lassen uns viel zu viel gefallen. Statt uns zu wehren, sagen wir nichts und lassen uns auch nichts anmerken.

Im Kontakt mit anderen Menschen brauchen wir immer beides: unser Ja und unser Nein.

Da lästert die Kollegin schon wieder über unsere neue Frisur. Aber statt deutlich zu zeigen, dass wir diese Kommentare nicht hören wollen, sind wir nur verunsichert. Und schon suchen wir den nächsten Spiegel auf, um zu überprüfen, ob sie recht hat.

Der 16-jährige Sohn schimpft beim Abendessen wieder einmal über den langweiligen Bio-Fraß, den er zu Hause vorgesetzt bekommt. Und um die Stimmung zu retten, bieten wir ihm an, schnell eine Tiefkühlpizza in den Ofen zu schieben.

Auf der Familienfeier macht sich Tante Katie schon wieder über unseren Beruf lustig. Statt aber nun zu zeigen, wie sehr uns ihr Gerede verletzt, nehmen wir uns noch ein Stück Kuchen und schlucken alles runter. Vielleicht lächeln wir sogar.

Nichts ist passiert, und alle haben sich lieb.

Wenn das Fass überläuft und der Kragen platzt

Wir Harmoniebedürftigen sind weder abgestumpft noch gefühlskalt. Im Gegenteil: Wir sind sehr empfindlich. Wir merken uns jede Unannehmlichkeit, jede Störung und jede Grenzüberschreitung. Alles, was uns nervt und quält, bleibt bei uns. Wir lagern es ein. Wir sammeln es innerlich. Und irgendwann kommt der Moment, in dem es uns zu viel wird. Das Fass läuft über. Uns platzt der Kragen. Dafür reicht ein winziger Anlass, ein harmloser Zündfunke.

Ein unterdrücktes Nein kann sich in Wut verwandeln.

Was jetzt rauskommt, ist nicht mehr harmonisch. Nein, da gibt es keine ruhige Bitte mehr und auch keine Selbstbehauptung. Was jetzt rauskommt, ist Wut. Ein empörtes Schnauben, aufgebrachte Vorwürfe, knallende Türen und harsche Sätze wie:

»Mir reicht es! Mach deinen Kram allein!«

»Seht zu, wie ihr ohne mich zurechtkommt!«

»Ich hab die Schnauze gestrichen voll! Verzieh dich, und lass mich in Ruhe!«

Für unsere Mitmenschen ist das komplett unverständlich. Bisher war alles lieb und locker und nun plötzlich dieser Ausraster. Nein, das ist kein Nervenzusammenbruch, kein Vitaminmangel und auch kein prämenstruelles Syndrom.

Wir Harmoniebedürftigen waren die emotionale Klimaanlage, die alle bei Laune gehalten hat. Niemand hat uns angemerkt, was uns dieses Harmoniebestreben innerlich gekostet hat. Wie sehr wir uns zusammenreißen und wie viel Unmut wir dafür unterdrücken mussten. Was sich da explosionsartig Luft gemacht hat, ist das Nein, das wir immer wieder runtergeschluckt haben.

Gibt es irgendetwas, das einen solchen Knall verhindern kann? Können wir vermeiden, dass wir so aus der Haut fahren? Die Antwort lautet: Ja. Ja, indem wir keinen Unmut einlagern, sondern rechtzeitig Grenzen ziehen. Nicht erst nach zehn Jahren, sondern gleich, wenn uns etwas stört. Damit uns das gelingt, brauchen wir eine neue Vorstellung von einem harmonischen Miteinander. Nicht mehr das alte Stillschweigen und Aushalten, sondern eine Harmonie, die auf Ehrlichkeit und Offenheit beruht. In der es ein Ja und auch ein Nein geben darf.

Aushalten und stillschweigen schaffen keine Harmonie.

Um eindeutig Nein zu sagen, müssen Sie Ihre Freundlichkeit nicht aufgeben. Sie können beides miteinander kombinieren. Sie können auf eine freundliche Art und Weise anderen Men-

schen gegenüber eine Grenze ziehen. Wie das geht, zeige ich
Ihnen hier.

Selbstbehauptungsstrategie:
Die freundliche Art, Nein zu sagen

1. Gestehen Sie es sich selbst zu, dass Ihnen etwas nicht passt oder
   dass Sie etwas stört. Erlauben Sie sich, dieses Nein-das-mag-
   ich-Nicht innerlich zu fühlen. Zeigen Sie Ihrem Gegenüber bei
   nächster Gelegenheit deutlich, was Sie nicht wollen oder was Sie
   stört.
2. Gehen Sie in Ihre königliche Muthaltung und bauen Sie Ihren
   Schutzschild auf. Beides gibt Ihnen eine selbstsichere Ausstrahlung und hilft Ihnen zugleich, gelassen zu bleiben.
3. Sprechen Sie in einem sachlichen, ruhigen Tonfall. Denken Sie
   daran: wenig Text, dafür klare Worte.
4. Nennen Sie den Namen des Betreffenden, das gibt Ihrer Aussage
   mehr Bedeutung. Verwenden Sie dabei freundliche Formulierungen, beispielsweise so:
   - »Herr Meier, ich hab eine Bitte: Mich stört das Radio, das ich
     aus Ihrem Büroraum bis hierher höre. Könnten Sie es bitte leiser
     drehen oder ganz abstellen?«
   - »Tut mir leid, Karin, aber ich kann nicht so lange zuhören. Ich
     hab jetzt nur noch fünf Minuten Zeit.«
   - »Onkel Franz, das, was du da über meine Ehe sagst, ärgert
     mich. Ich kann darüber nicht lachen. Solange wir hier zu-
     sammensitzen, verkneif dir doch bitte diese Bemerkungen.«
5. Falls Ihr Gegenüber Sie nicht gleich ernst nimmt, wiederholen Sie
   Ihr Nein in einem ruhigen Tonfall – wenn nötig mehrmals.

Diese freundliche Strategie des Neinsagens setzt darauf, dass Ihr Gegenüber im Prinzip gut mit Ihnen auskommen will. Und damit das gelingt, geben Sie dem Betreffenden eine klare Rückmeldung darüber, was Sie stört und wo Ihre Grenzen sind. Wenn Sie das freundlich bis neutral rüberbringen, kann der andere sein Verhalten ändern, ohne dabei sein Gesicht zu verlieren. Sie haben ihn (oder sie) nicht angegriffen, sondern nur eine Grenze gezogen. Damit bleibt die ganze Angelegenheit undramatisch.

Auch hier gilt wieder, dass Sie andere Menschen nicht zwingen können, ihr Verhalten zu ändern. Aber mit einer klaren, selbstsicheren Kommunikation erhöhen Sie die Chancen, dass Ihre Mitmenschen Ihnen entgegenkommen.

So können Sie Nein sagen und dabei verständnisvoll bleiben

Ich habe über einen langen Zeitraum bei mir selbst beobachtet, in welchen Situationen mir das Neinsagen schwerfiel. Dabei merkte ich, dass ich während eines Gespräches sehr oft in die Welt meines Gesprächspartners eintauchte. Ich verstand den anderen, und ich fand seine Argumente einleuchtend. Wenn mein Gesprächspartner jetzt etwas von mir wollte, also eine Bitte aussprach, hing ich am Haken. Fast automatisch – weil ich alles so gut verstehen konnte – flutschte ein Ja aus meinem Mund. Aus meinem inneren »Ja, das verstehe ich« wurde blitzschnell ein gesprochenes »Ja, das tue ich«. Und schon übernahm ich die Aufgabe oder verpflichtete mich zu einem Termin.

Wenn Sie Verständnis für jemanden haben, heißt das nicht automatisch, dass Sie auch Ja sagen müssen.

Als ich automatisch Ja sagte, hatte ich hundert Prozent Einfühlungsvermögen für den anderen, aber null Prozent Einfühlungsvermögen für mich selbst. Mir fehlte mein Verständnis *für mich*.

Das Problem dabei ist nicht das Einfühlungsvermögen. Wie so viele unserer Fähigkeiten ist auch das Einfühlungsvermögen enorm wertvoll. Es ist eine kostbare, soziale Kompetenz und keinesfalls eine Schwäche. Erst unser Einfühlungsvermögen sorgt dafür, dass wir einigermaßen friedlich mit anderen Menschen zusammenleben können. Wo es fehlt, machen sich langsam, aber sicher Lieblosigkeit und Grausamkeit breit. Aber weil das Einfühlungsvermögen so kostbar ist, braucht es auch einen soliden Schutz. Und der beste Schutz ist eine klare Abgrenzung.

Für mich war es wichtig zu lernen, wie ich in einem Gespräch auch meine eigenen Interessen im Auge behalten kann. Denn wir brauchen immer beides: Einfühlungsvermögen für unser Gegenüber und zugleich auch Einfühlungsvermögen für uns selbst.

**Versuchen Sie nicht nur, die anderen
zu verstehen. Haben Sie auch
Verständnis für sich selbst.**

Wenn wir für beide Seiten Verständnis haben, kann es sein, dass wir unser Gegenüber sehr gut verstehen können und trotzdem Nein zu seiner Bitte sagen. Wie das praktisch geht, möchte ich Ihnen gleich zeigen.

Mit der nachfolgenden Strategie sagen Sie Nein, zeigen aber zugleich, dass Sie die Gefühle und Absichten Ihres Gegenübers nachvollziehen können. Sie können diese Strategie überall dort einsetzen, wo Ihnen viel an der guten Beziehung zu Ihrem Gesprächspartner liegt.

Achtung! Die Strategie, die jetzt gleich kommt, ist nur glaubwürdig, wenn Sie Ihren Gesprächspartner tatsächlich verstehen und seine Beweggründe nachvollziehen können. Bitte täuschen Sie kein Verständnis vor, wenn Sie es nicht haben. Und natürlich sind Sie keinesfalls gezwungen, Ihren Gesprächspartner zu verstehen. Wenn Sie sich nicht in Ihr Gegenüber einfühlen können, ist das nicht weiter schlimm. Benutzen Sie einfach eine der anderen Strategien, die ich Ihnen in diesem Kapitel vorstelle.

Selbstbehauptungsstrategie: Verständnis zeigen und trotzdem Nein sagen

1. Hören Sie genau zu
Hören Sie Ihrem Gegenüber gut zu. Nur zuhören. Sie sagen noch nichts. Achten Sie darauf, dass Sie nicht mit dem Kopf nicken, denn das könnte Ihr Gesprächspartner als ein Ja deuten. Hören Sie einfach in einer neutralen Haltung zu.

2. Stellen Sie fest, was Sie wollen
Nachdem Sie gehört haben, was Ihr Gegenüber von Ihnen will, nehmen Sie sich eine kurze Besinnungspause. Bleiben Sie still und fühlen Sie nach, wie es Ihnen geht. Stellen Sie sich jetzt im Stillen folgende Frage: »Was will ich?« Nehmen Sie Ihre Interessen und Wünsche genauso ernst wie die Ihres Gegenübers.

3. Teilen Sie dem anderen Ihre Entscheidung mit
Wenn Sie die Bitte Ihres Gesprächspartners nicht erfüllen können oder wollen, sagen Sie ihm das. Zeigen Sie aber zugleich auch Verständnis für seine Situation und seinen Wunsch. Wenn Sie Ihr Verständnis ausdrücken, dann tun Sie das ohne Sarkasmus und ohne bitteren Unterton. Sprechen Sie in einfachen, klaren Sätzen. Beispielsweise so:

- »Ich habe gehört, dass die Sache für Sie wirklich wichtig ist. Leider kann ich Ihnen da im Moment nicht weiterhelfen. Mein Terminkalender ist bereits voll.«

- »Ich habe verstanden, dass du mit deinen Freunden bis Mitternacht in die Disco gehen willst. Und ich möchte, dass du spätestens um zehn Uhr zu Hause bist, auch wenn alle deine Freunde länger ausgehen dürfen.«

- »Für Sie ist es wichtig, die Zusage so früh wie möglich zu bekommen. Das kann ich gut verstehen. Für mich sieht die Situation so aus: Ich brauche noch mindestens zwei Tage Zeit, um den Antrag zu lesen und zu bearbeiten.«

- »Es leuchtet mir ein, dass du unseren Keller zu einer Werkstatt umbauen willst. Aber damit bin ich nicht einverstanden. Das Geld, das der Umbau kostet, möchte ich lieber für eine neue Couch und eine neue Waschmaschine ausgeben.«

Die meisten Menschen können ein Nein sehr viel besser verkraften, wenn sie zugleich das Gefühl haben, dass sie mit ihren Anliegen gehört und akzeptiert wurden. Mit dem Verständnis für den anderen wird die Person bejaht, auch wenn man die Sache, um die es geht, ablehnt. So kommt das Nein weniger hart daher; es fühlt sich freundlicher an. Und das kann der Gesprächspartner besser verkraften als eine schroffe Abfuhr.

So verhindern Sie, dass Sie überrumpelt werden

Für viele Menschen, die bisher immer schnell Ja gesagt haben, ist der Schritt zum Nein manchmal viel zu groß. Oft wäre ein kleiner Schritt viel passender. Zwischen dem Ja und dem Nein gibt es eine Mitte, einen Nullpunkt. In dieser Mitte gibt es kein automatisches Ja mehr, aber auch noch kein Nein. Diese Mitte ist die Bedenkzeit. Eine Besinnungspause.

Wenn Sie nicht mehr automatisch Ja sagen, aber auch nicht gleich Nein sagen wollen, ist die Bedenkzeit genau das Richtige für Sie. Sie denken in Ruhe nach und überlegen, welche Vor- und Nachteile Ihre Antwort haben könnte. Wie lange Sie überlegen, ist dabei Ihre Sache.

> **Sie haben das Recht, in aller Ruhe nachzudenken, bevor Sie Ja oder Nein sagen.**

»Bitte Bedenkzeit« ist auch die passende Antwort, wenn Sie das Gefühl haben, dass Sie von Ihrem Gesprächspartner überrumpelt werden. Also wenn der andere drängelt oder massiv auf Sie einredet. Da steht plötzlich Ihr bester Freund im Türrahmen und braucht ganz schnell viel Geld. Das Geld will er von Ihnen leihen und zwar gleich. Oder Ihr Chef braucht sofort Ihre Zusage, dass Sie am Freitag Überstunden machen werden. Oder Ihre Schwester hat Sie ganz selbstverständlich dazu eingeteilt, dass Sie am Hochzeitstag Ihrer Eltern die Festrede halten. Das ist schon alles geplant und Sie … Stopp! Hier besteht Überrumpelungsgefahr.

Lassen Sie sich nicht unter Zeitdruck setzen. Wenn es jemand wahnsinnig eilig hat und alles ganz dringend ist, tun Sie am besten Folgendes: Überprüfen Sie, ob es sich wirklich um einen Notfall handelt. Schauen Sie sich genau um:

- Brennt das Haus?
- Oder liegt jemand da, der gerade verblutet?

Wenn nein, dann müssen Sie auch nicht gleich aufspringen und die Sache übernehmen. Wenn es kein echter Notfall ist, nehmen Sie sich Zeit zum Nachdenken. Ziehen Sie sich zurück, bevor Sie Ja oder Nein sagen. So wie Sie das Recht haben zu atmen, so haben Sie auch das Recht, in Ruhe nachzudenken, bevor Sie eine Entscheidung treffen.

Falls Sie unter Druck gesetzt werden, ist die beste Antwort: »Darüber werde ich nachdenken.«

Selbstbehauptungsstrategie: Nehmen Sie sich Bedenkzeit

1. Mit Ihrem Schutzschild und Ihrer königlichen Muthaltung sorgen Sie dafür, dass die Hektik und der Druck anderer Leute nicht auf Sie überspringen.
2. Wenn jemand Sie um etwas bittet oder etwas von Ihnen verlangt, nehmen Sie sich zuerst die nötige Bedenkzeit. Statt gleich Ja oder Nein zu sagen, antworten Sie beispielsweise so:
   - »Das ist eine wichtige Frage. Darüber werde ich nachdenken.«
   - »Das lass ich mir durch den Kopf gehen.«
   - »Die Sache ist mir so wichtig, dass ich zuerst darüber nachdenken möchte, bevor ich Ihnen antworte.«
   - »Ich überleg mir das.«
   - »Dafür brauche ich ein wenig Bedenkzeit.«
   - »Interessanter Vorschlag. Aber bevor ich etwas dazu sage, möchte ich eine Nacht darüber schlafen.«

3. Manchmal ist es sinnvoll, dem Gesprächspartner mitzuteilen, wie lange Sie nachdenken wollen. Dafür reicht ein Satz:
   • »Ich rufe dich morgen wieder an.«
   • »Ich sag Ihnen in zehn Minuten Bescheid.«
4. Ganz wichtig: Gut nachdenken können Sie erst, wenn Sie aus dem Kontakt mit Ihrem Gesprächspartner raus sind. Also wenn Sie allein sind oder zumindest den Raum verlassen haben.

Die Bedenkzeit hat noch einen großen Vorteil. Sie erlaubt Ihnen mehr Kreativität. Oft ist das bloße Ja oder Nein ein viel zu enger Spielraum. Mit ein wenig Nachdenken können Sie weit mehr sagen als nur »Ja« oder »Nein«.

Beispielsweise könnten Sie Ja sagen und zugleich eine Bedingung an Ihr Ja knüpfen: »Ja, ich übernehme das und von Ihnen/dir möchte ich Folgendes: ... (hier setzen Sie Ihre Bitte ein).«

Oder Sie sagen Nein und bieten eine neue Lösungsidee an: »Nein, das wird nichts. Aber ich kann Ihnen/dir eine andere Möglichkeit vorschlagen. Und zwar ... (hier setzen Sie einen Vorschlag ein).«

Sie können Ihr Ja mit einer Bitte verknüpfen. Oder Ihr Nein mit einem Lösungsvorschlag verbinden.

Auf solche Antworten kommen Sie erst, wenn Sie in Ruhe überlegen können. Ihre Bedenkzeit verschafft Ihnen diese kreative Besinnungspause. Statt einfach nur Ja oder Nein zu sagen, beginnt jetzt ein Gespräch, bei dem neue Lösungen entstehen können.

Warum gute Beziehungen das Ja und das Nein brauchen

Wir wissen es längst, die großen Herz-Schmacht-Filme lügen! Da sehen wir zwei Liebende, die bis in alle Ewigkeit miteinander verschmelzen. Beide verstehen sich wortlos und können in den Augen des anderen lesen, wie es ihm geht. Niemals gibt es ein Nein zwischen diesen Liebenden. Wunderbar ergreifend, aber komplett unrealistisch. So unrealistisch wie Dinosaurier, die durch New York trampeln oder Superman, der mit seinen Superkräften die Welt rettet. Alles nur eine Erfindung der Romanschreiber und Drehbuchautoren.

Die Wahrheit über gute Beziehungen ist nicht ganz so hollywoodmäßig. Jede gut funktionierende Beziehung braucht beides: ein Ja und auch ein Nein. Das gilt für Partnerschaften ebenso wie für Freundschaften und für den Umgang mit Kollegen. Wir sind eben nicht *ein* Herz und *eine* Seele, sondern verschiedene Menschen.

Für gute Beziehungen brauchen Sie beides: Ihr Ja und Ihr Nein.

Da treffen sich mindestens zwei Herzen und zwei Seelen. Jeder von beiden hat seine Lebensgeschichte im Gepäck und seine Gewohnheiten, Vorlieben, Abneigungen, Hemmungen und wunden Punkte.

Erst wenn wir dem anderen klarmachen, was wir mögen und wo unsere Grenzen sind, erst dann können wir Nähe und Verbundenheit erleben. Jedes »Ja, mit dir gern« braucht auf der Rückseite auch ein »Nein, bis hierher und nicht weiter«.

Und dazu gehört auch, dass wir uns im Lauf der Zeit verändern. Unsere Grenzen sind nicht in Stein gemeißelt oder für alle Zeiten festgelegt. Sie können sich verschieben, weil wir uns weiterentwickeln. Deshalb ist es wichtig, nicht nur einmal darüber zu reden, sondern immer wieder.

Zeigen Sie anderen Menschen, wo Ihre Grenzen sind

Um zu erklären, was eine gute Abgrenzung ist, benutze ich gern das Bild von einem Garten mit einem Zaun. Sie und Ihr Leben sind wie ein blühender Garten mit einer Grenze und einem Gartenzaun. In Ihrem Lebensgarten wachsen Ihre Taten, Ihre Gedanken und Gefühle, Ihre Absichten und Pläne. Hier kümmern Sie sich um Ihren Körper, um Ihre Zeit, um Ihre Kontakte und Aktivitäten. Was Sie in Ihrem Garten anpflanzen, ist allein Ihre Sache. Dafür tragen Sie die Verantwortung.

**Ihre Grenzen zeigen den anderen,
wo Ihr Lebensbereich anfängt.
Und dort bestimmen Sie.**

Ihr Zaun zeigt anderen Menschen, dass man in Ihrem Garten nicht einfach ungefragt etwas pflücken oder ablegen darf. Es ist ihr Hoheitsgebiet, und dort sind Sie zuständig, und zwar nur Sie. Ihr Gartenzaun lässt sich öffnen, denn er hat eine Pforte, die Sie (und nur Sie) auf- und zumachen können. Sie können andere Menschen in Ihren Garten einladen und auch etwas von ihnen annehmen. Sie können zu anderen Menschen Ja oder Nein sagen oder um Bedenkzeit bitten.

Natürlich haben alle Ihre Mitmenschen auch ihren eigenen Lebensgarten, der mit einem Zaun umgeben ist. Und das, was andere Menschen in ihrem Garten anpflanzen, ist deren Sache. Dafür sind Sie nicht verantwortlich. Und es ist sehr gut möglich, dass Ihre Mitmenschen ganz andere Meinungen, Gefühle und Aktivitäten anpflanzen als Sie. Das Leben, das Ihre Mitmenschen leben, ist deren Sache. Es geht Sie im Prinzip nichts an. Das gilt auch für die Menschen, die Ihnen ganz nahe stehen.

**Übernehmen Sie die Verantwortung für
Ihr eigenes Leben. Und halten Sie sich
aus dem Leben anderer Menschen raus.**

Jeder Ihrer Liebsten hat einen eigenen Lebensgarten, für den
er oder sie selbst verantwortlich ist. Der Zaun zeigt Ihnen
deutlich, wo Ihr Einflussbereich endet und der des anderen
anfängt.

Ihr Lebensgarten mit seinen Grenzen

Beim Zusammenleben ist es wichtig, gemeinsam über die
Grenzen zu verhandeln. Dabei wird festgelegt, wo jeder seinen eigenen Bereich hat, wie die Aufgaben verteilt werden
und wer für was verantwortlich ist.

Mein Rezept für einfaches, gelassenes Leben lautet so: Sorgen Sie bei sich für klar erkennbare Grenzen. Kümmern Sie
sich um Ihren eigenen Garten, und halten Sie sich aus den
Gärten anderer Leute raus.

Falls es Sie aber doch packt und Sie in den Gärten Ihrer
Mitmenschen herumwühlen möchten, dann klopfen Sie vorher an und fragen die anderen, ob Ihre Hilfe überhaupt erwünscht ist. Selbstverständlich hat Ihr Gegenüber das Recht,

darauf mit »Ja« oder »Nein« oder »bitte Bedenkzeit« zu antworten.

> **Wenn Sie anderen helfen wollen,**
> **fragen Sie vorher, ob Ihre Hilfe**
> **überhaupt willkommen ist.**

Und falls jemand ungefragt in Ihrem Garten herumwühlt
und sich in Ihre Angelegenheiten einmischt, dann zeigen Sie
ihm deutlich: Achtung, du bist hier in meinem Hoheitsgebiet.
Das ist allein meine Angelegenheit, und darüber entscheide
ich.

Bei Menschen, die häufig überlastet sind, ist die Abgrenzung zu schwach. Wer zu viele Termine im Kalender stehen
hat und eine zu lange To-do-Liste führt, der hat Probleme mit
dem Neinsagen. Das kann man sich wie einen Gartenzaun
vorstellen, der kaputt und kaum sichtbar ist. Die Probleme,
Lasten und Ansprüche anderer Menschen werden in diesem
Garten einfach so abgelegt.

> **Eine fehlende Abgrenzung wirkt auf**
> **andere Menschen wie eine Einladung,**
> **dort ihre Lasten abzulegen.**

Die anderen erkennen überhaupt nicht, dass sie sich hier
eigentlich im Hoheitsgebiet einer anderen Person aufhalten.
Es gibt kein deutliches Hindernis, keine fühlbare Abgrenzung. Nichts, was die anderen zwingt, zuerst anzuklopfen
und zu fragen. Es gibt keine Gartenpforte, die auch mal zuge-
macht werden kann.

Nicht umsonst heißt es, ein gutes Zeitmanagement besteht
vor allem im Neinsagen.

Wenn die Abgrenzung fehlt, entsteht leicht eine Überlastung

Wenn Sie Lust haben, können Sie gleich Ihre Abgrenzung, Ihren Zaun um Ihren Lebensgarten, überprüfen. Testen Sie einmal, wie solide und klar erkennbar Ihre Grenzen sind. Lesen Sie die folgenden Fragen durch und beantworten Sie sie im Stillen:

• Wo (in welchen Bereichen Ihres Alltags oder welchen Menschen gegenüber) würden Sie gern öfter Nein sagen?

• Warum möchten Sie dort Nein sagen? Was stört Sie?

• Hand aufs Herz, was hat Sie bisher gehindert, Nein zu sagen? Was könnte passieren, wenn Sie das nächste Mal Nein sagen?

• Laden andere Menschen ihre Lasten, ihre Arbeit oder ihre Probleme bei Ihnen ab? Wenn ja, wie schaffen es die anderen, dass Sie diese Fremdlasten auch noch übernehmen?

• Wo haben Sie sich – ohne vorher zu fragen – in die Angelegenheiten anderer Menschen eingemischt? Was wollten Sie damit erreichen?

• Jedes Mal, wenn Sie sich über einen Menschen ärgern, stellen Sie sich folgende Fragen: Was ist dabei *meine* Angelegenheit, und was ist *seine* Angelegenheit? Wofür bin ich zuständig (mein Garten), und was geht mich nichts an (der Garten des anderen)?

Eine gute Abgrenzung: Sie entscheiden, was Sie übernehmen und was nicht

Häufige Fragen zur Selbstbehauptungs-strategie »Das freundliche Nein«

»Ich würde gern öfter Nein sagen, vor allem im Beruf. Aber ich fürchte, dass mir ein Nein Nachteile einbringt, wenn ich zum Beispiel Überstunden ablehne. Was kann ich da tun?«

Es ist gut, wenn Sie sorgfältig an die Sache herangehen. Ich kann von hier aus nicht abschätzen, ob Sie sich ein Nein in Ihrem Job leisten können oder nicht. Aber Sie selbst können folgende Überlegungen anstellen: Was kostet Sie ein Ja, und was kostet Sie ein Nein? Immer wenn Sie Ja sagen, kostet Sie das etwas. Oder anders gesagt, ein Ja hat auch Nachteile.

Bevor Sie sich entscheiden, überprüfen Sie, welche Vor- und Nachteile ein Nein oder ein Ja hätte.

Nehmen wir beispielsweise die Frage nach den Überstunden. Wenn Sie Ja sagen und Überstunden machen, kostet Sie das ein Stück Ihrer Freizeit. Vielleicht kriegen Sie auch den Unmut Ihrer Familie zu spüren, weil Sie so selten zu Hause auftauchen. Das gehört auch zu den Kosten. Und auch Ihr eigener Unmut oder Ihre Erschöpfung gehören zu den Kosten, die durch Ihr Ja entstehen können. Aber auch Ihr Nein zu den Überstunden würde Sie etwas kosten. Auch diese Entscheidung kann Nachteile mit sich bringen. Beispielsweise könnte Ihr Chef enttäuscht oder angesäuert sein, weil Sie nicht einspringen und mehr arbeiten. Möglicherweise ist er rachsüchtig und behindert Ihren weiteren beruflichen Aufstieg. Die Reaktion Ihrer Kollegen könnte unterschiedlich aussehen. Vielleicht wären Sie für einige ein Held, weil Sie die Überstunden ablehnen. Für andere wären Sie vielleicht eine Plage, weil diese Kollegen jetzt zusätzlich noch mehr arbeiten müssten.

Ihr Nein kostet Sie also auch etwas. Weder das Ja noch das Nein gibt es kostenlos. Letztlich ist Ihre Entscheidung eine Kostenfrage. Ja oder nein – wo zahlen Sie am meisten? Und wo kommen Sie am günstigsten weg?

»Ich will andere Menschen nicht enttäuschen. Ich mag es einfach nicht, wenn andere traurig oder frustriert sind, nur weil ich Nein gesagt habe. Wie kann ich damit umgehen?«
Es gibt zwei verschiedene Bereiche in der Kommunikation. Der eine Bereich ist der Teil, den Sie beeinflussen und gestalten können. Dazu gehört Ihr Tonfall, die Worte, die Sie wählen und Ihre Körpersprache. Das alles bestimmen Sie. Aber es gibt auch einen Bereich, den Sie nicht unter Ihrer Kontrolle haben. Das sind die Gedanken und Gefühle Ihres Gesprächspartners. Sie können nicht bestimmen, wie Ihr Gegenüber Ihre Worte aufnimmt und wie er sich damit fühlt. Sie können so sanft wie möglich Nein sagen, aber ob Ihr Gesprächspartner darüber frustriert ist oder ob er traurig ist oder alles gelassen akzeptiert, das ist allein seine Angelegenheit. Sie können nicht direkt beeinflussen, dass Ihr Gegenüber sich gut fühlt, nachdem Sie Nein gesagt haben. Wichtig ist, dass Sie Ihr eigenes Nein akzeptieren und sich erlauben, das auch klar und freundlich auszusprechen. Für diesen Teil sind Sie zu-

ständig. Überlassen Sie es Ihrem Gegenüber, wie es auf Ihr Nein reagiert.

Sie sind nicht dafür zuständig, wie sich Ihr Gesprächspartner nach Ihrem Nein fühlt.

»Ich sage jetzt öfter Nein und grenze mich viel besser ab als früher. Aber ich bekomme deswegen auch häufig ein schlechtes Gewissen. Wie kann ich die Schuldgefühle loswerden?«

Zunächst ist es wichtig, dass Sie ein Gefühl, das da ist, einfach nur fühlen. Gehen Sie mit allen Ihren Gefühlen immer liebevoll um. Das gilt auch für Schuldgefühle. Ihr schlechtes Gewissen oder Ihre Schuldgefühle zeigen Ihnen, dass Sie gerade dabei sind, aus einer alten Rolle auszubrechen.

Wir alle haben im Elternhaus, in der Schule und vielleicht auch in der Kirche gelernt, wie man als guter Mensch zu sein hat. Diese Normen, Werte und Richtlinien haben sich tief in unsere Gehirnwindungen eingegraben. Wenn wir nun nicht mehr ganz so artig, nett und aufopferungsvoll sind, wie man es uns früher beigebracht hat, meldet sich unser Gewissen zu Wort. Es zeigt uns, dass wir gegen das verstoßen, was man uns früher beigebracht hat. Und das ist in Ordnung. Mit der Zeit lernen Sie, dass es kein Verbrechen ist, selbstsicher Grenzen zu ziehen und dass Sie mit Ihrem Nein andere Leute nicht schädigen. Sie merken, dass Sie ein guter Mensch sind, gerade weil Sie sich abgrenzen und Nein sagen können. Wenn sich diese neue Botschaft langsam bei Ihnen einprägt, wird das schlechte Gewissen immer mehr abnehmen.

Das schlechte Gewissen wird abnehmen, wenn Sie merken, dass Ihr Nein nicht schädlich ist.

»Wenn ich das nicht mache, wer dann?«

Wenn Sie sich besser von anderen Menschen abgrenzen, kann es passieren, dass Lücken entstehen. Vorher sind Sie immer aufgesprungen und haben sich um das gekümmert, was Ihre Mitmenschen nicht schafften, nicht konnten oder vielleicht auch nicht wollten. Und nun sagen Sie neuerdings öfter Nein. Sie ziehen eine Grenze und fühlen sich nicht mehr für alles und jeden zuständig. Aber was passiert jetzt mit den Dingen, die zu erledigen sind? Zwar sind Sie raus aus der Dauerzuständigkeit, aber jetzt klafft da eine Lücke. Wer ist nun dran? Wer geht einkaufen? Wer pflegt die betagten Eltern? Wer schreibt das Protokoll und kocht den Kaffee?

Ihr Nein zeigt Ihren Mitmenschen, dass das alte Muster nicht mehr funktioniert. Sie sind nicht mehr der Packesel, der sich alle herumliegenden Lasten auflädt. So weit, so gut. Aber jetzt kommt der nächste Schritt. Denn jetzt geht es darum, die Lücke zu füllen, damit die Dinge erledigt werden, die bisher immer bei Ihnen gelandet sind. Es geht darum, die Aufgaben und Arbeiten neu zu verteilen. Kurz gesagt: Sie und Ihre Mitmenschen brauchen eine neue Vereinbarung.

Beenden Sie Ihre Dauerzuständigkeit und sorgen Sie für eine neue Regelung.

So eine neue Vereinbarung kann sehr einfach sein. Zum Beispiel kann man gemeinsam verabreden, dass bestimmte Aufgaben ab sofort reihum erledigt werden. Jeder schreibt mal Protokoll, jeder ist mal dran, den Müll rauszutragen oder einer nach dem anderen erledigt den Einkauf. Solche Vereinbarungen kann man schnell und ohne großen Aufwand treffen. Dabei ist es sinnvoll, dass Sie die Sache in Ihre Hand nehmen und mit allen Beteiligten darüber reden. Sorgen Sie für eine neue, gerechte Absprache darüber, wer, wann, was zu erledigen hat.

Um so eine Absprache mit anderen zu treffen, brauchen Sie vor allem drei Dinge: Erstens eine Portion Entschlossenheit. Zweitens eine unerschütterliche Hartnäckigkeit. Drittens brauchen Sie und alle Beteiligten das, was man einen guten Willen nennt. Der gute Wille entsteht aus dem Wunsch, miteinander auszukommen. Ohne einen guten Willen gibt es keine funktionierende Kommunikation zwischen Menschen und auch keine funktionierenden Vereinbarungen.

Ohne einen gemeinsamen guten Willen gibt es keine funktionierenden Vereinbarungen.

Wenn Sie vielleicht schon lange Zeit für Ihre Mitmenschen den Packesel gespielt haben, kann es Sie einiges an Kraft kosten, dieses Muster zu beenden und die Dinge neu zu regeln. Anfangs wird es vielleicht so aussehen, als hätten Ihre Mitmenschen keinen guten Willen. Denn neue Regelungen sind nicht immer leicht durchzusetzen. Hier spielt Ihre Selbstbehauptung eine entscheidende Rolle. Es kommt darauf an, wie konsequent und hartnäckig Sie die Sache verfolgen. Das möchte ich Ihnen gern an einem praktischen Beispiel erklären. Es ist die Geschichte von Sandra.

Von der Schmutzblindheit und anderen Putzproblemen

Sandra wohnte mit einer Frau und zwei Männern zusammen in einer Wohngemeinschaft. Und sie wohnte gern dort. Alle vier waren Studenten, die Wohnung war groß und in Uninähe. Es hätte wirklich eine prima WG sein können, wäre da nicht das Putzproblem gewesen.

Wer ständig die Aufgaben der anderen übernimmt, gerät schnell in eine Dauerzuständigkeit.

Sandra war diejenige, die ständig sauber machte. Die drei anderen drückten sich erfolgreich vor der Hausarbeit. Ihre Mitbewohnerin kümmerte sich hin und wieder um den Einkauf und kochte auch gern mal am Wochenende. Aber bei den beiden Männern sah es in Sachen Hausarbeit ganz dunkel aus. Die beiden hatten eine spezielle Behinderung, die so genannte Schmutzblindheit. Egal, wie dreckig die Küche war, die Männer konnten dort unbekümmert sitzen, in aller Ruhe frühstücken und dabei Zeitung lesen.

Es ist besser, die Lasten zu verteilen, statt sich über die Belastung zu beklagen.

Natürlich hatte Sandra keine Lust, ganz allein fürs Putzen zuständig zu sein. Immer wieder beklagte sie sich bei ihren drei Mitbewohnern. Sie versuchte, die anderen dazu zu bewegen, auch mal das Wischtuch in die Hand zu nehmen. Das Ergebnis war immer dasselbe: Die drei sahen ein, dass es so nicht weitergeht. Alle drei versprachen Sandra, in Zukunft öfter zu putzen. Aber nichts passierte. Immer wieder stand Sandra vor einem Haufen dreckigem Geschirr, einem schmutzigen Herd und einem klebrigen Küchenboden. Und das Bad? Das fand sie manchmal richtig eklig.

Sandra war drauf und dran, aus der WG auszuziehen, denn alle ihr Appelle und Ansprachen hatten nichts genutzt. Das Putzen blieb bei ihr hängen, weil sie diejenige war, die den Dreck nicht ertragen konnte. Sandra war mit ihrem Latein am Ende. Sie glaubte nicht, dass ihre drei Mitbewohner einen guten Willen hatten und sich jemals an der Hausarbeit beteiligen würden. Deshalb wollte sie dort nicht länger wohnen.

Wenn Worte nur Schall und Rauch sind

Ich empfahl Sandra, noch nicht das Handtuch zu werfen. Denn bisher hatte sie nur versucht, die Dinge über Appelle zu verändern. Sie hatte viel geredet und zweifellos kann Reden sehr wirksam sein. Aber leider gibt es Situationen, in denen Worte nur Schall und Rauch sind. Das gilt besonders, wenn Menschen ihre gewohnte Bequemlichkeit nicht aufgeben wollen. Genau diese Menschen stellen dann ihre Ohren auf Durchzug. Die Appelle kommen ins eine Ohr rein, rauschen kurz durch die Gehirnwindungen und fallen – ohne einen großen Eindruck zu hinterlassen – aus dem anderen Ohr wieder raus. Das bloße Reden wirkt einfach nicht.

Sandra brauchte etwas, was noch kraftvoller ist und das war ein konkreter Plan. Ein Putzplan, der gut sichtbar an der Wand hängt. Dort würde dann in klaren Buchstaben stehen, was zu tun ist, wer das tut und bis wann das zu erledigen ist.

Oft nützen Appelle und Aufforderungen nichts. Besser ist ein konkreter Plan mit klaren Vereinbarungen.

So ein sichtbarer Plan ist besser als viele Worte. Außerdem hilft er bei Vergesslichkeit und wirren Wahrnehmungen von der Sorte »Das hab ich aber ganz anders in Erinnerung«. Als Ergänzung zu einem solchen Putzplan ist manchmal noch eine Zusatzregelung nötig, die möglichen Schlawinern und Schummlern das Wasser abgräbt. In dieser Zusatzregelung wird vereinbart, was bei Regelverstößen passiert. Beispielsweise kann hier eine Strafgebühr oder eine Entschädigung festgelegt werden, die zwangsläufig fällig wird, wenn jemand seine Aufgabe nicht erfüllt. Klingt vielleicht etwas streng, aber hilft bei Leuten, die sich gern wortgewandt aus ihren Verpflichtungen herauswinden.

**Konsequent sein heißt auch,
keine Ausreden zu akzeptieren.**

Anfangs zweifelte Sandra daran, ob ihre Mitbewohner einen Putzplan akzeptieren würden. Aber sie hatte nichts mehr zu verlieren. Es war ihre letzte Chance, das Ruder rumzureißen. Und wenn das nicht klappte, wollte sie aus der WG ausziehen. Sandra hatte einfach keine Lust mehr, ewig über das Putzproblem zu diskutieren.

Von der Kunst, konsequent zu bleiben

Sandra packte die Sache an und sorgte dafür, dass sich alle zusammensetzten. Sie erklärte ihren drei Mitbewohnern, dass sie ernsthaft über einen Auszug nachdachte, weil sie das Putzproblem zu sehr nervte. Die drei anderen waren erschrocken über Sandras Ankündigung. Alle drei waren einhellig der Meinung, dass Sandra die Sache mit dem Putzen viel zu eng sehen würde. Und alle drei versprachen (wieder einmal), in Zukunft mehr zu putzen. Sandra nutzte die Gunst der

Stunde und fragte, ob das auch wirklich ernst gemeint sei. Ja, die drei Mitbewohner versicherten Sandra, dass sie es wirklich ernst meinten und sich bessern wollten. Sandra nahm ihre Mitbewohner beim Wort und schlug eine neue Regelung vor. Sie hatte sich gut vorbereitet und bereits alle anfallenden Putzarbeiten auf ein großes Stück Pappe geschrieben. Und für jedes WG-Mitglied hatte sie ein Namenskärtchen gebastelt.

Übernehmen Sie die Führung im Gespräch. Lenken Sie die Diskussion, und sorgen Sie für eine Neuregelung.

»Das sind die Arbeiten, die jede Woche anfallen, und hier sind unsere Namen. Dann lasst uns das mal verteilen.« Die Mitbewohner waren verblüfft. Das hatten die drei mit Sandra noch nicht erlebt. Aber alle machten mit, denn schließlich hatten sie ja vor wenigen Minuten versprochen, mehr zu putzen. Alle Aufgaben wurden reihum verteilt, und anschließend wurde der Plan in der Küche aufgehängt. Jetzt stand es dort, schwarz auf weiß, was jeder zu tun hatte.

Die Männer protestierten zaghaft. Für sie war das alles viel zu starr. Schließlich wären sie ja Studenten und hätten Klausuren zu schreiben. Deswegen könnte das Putzen schon mal ausfallen, so argumentierten sie. In Sandras Augen war das ein Versuch, sich ein kleines Hintertürchen offenzulassen, um aus der Putzverpflichtung herauszukommen.

Doch sie hatte noch einen Trumpf im Ärmel. Sandra konterte gelassen: »Ja, es kann sein, dass jemand seine Putzarbeit nicht erledigt. Dann zahlt der Betreffende eine Entschädigung. Und diese Entschädigung bekommt dann derjenige, der diese Putzarbeit übernimmt. Das ist nur fair. Wenn du also nicht putzen kannst, kann sich ein anderer hier etwas dazuverdienen. Und wenn keiner von uns Zeit hat, holen wir uns für das Geld einen Profi.«

Für einen Moment waren alle sprachlos. Diese Entschädigung für nicht erledigte Putzarbeiten traf den empfindlichsten Nerv der Studenten: ihr Geld. Jetzt wurde allen klar, dass die Zeit der Ausreden vorbei war. Es gab zähe Diskussionen darüber, ob diese Entschädigung nicht zu »kindisch« sei. Aber letztlich stimmten alle dieser Lösung zu. Und tatsächlich hielten sich alle an den Plan. Jedenfalls meistens.

Stellen Sie sich darauf ein, dass Ihre Mitmenschen nicht gern ihre gewohnte Bequemlichkeit aufgeben.

Ein Happyend? Fast. Denn es tauchten neue Probleme auf. Jetzt, wo Sandra nicht mehr die einzige Putzkraft in der WG war, wurde schnell klar, dass die übrigen drei Mitbewohner vom Putzen ungefähr so viel verstanden wie ein Hamster vom Fliegen.

Es gab lange Auseinandersetzungen darüber, ob man einen Küchenfußboden nass wischen muss oder ob es nicht schonender ist, ihn einfach nur zu fegen. Und es wurde auch lange darüber debattiert, wo eine Toilette endet und die allgemeine Kanalisation anfängt.

Sandra kämpfte unterdessen gegen ihre Begabung an. Sie wusste, wie man die Sachen schnell und gründlich sauber bekommt. Und jetzt sah sie, wie ungeschickt sich ihre Mitbewohner anstellten. So manches Mal war sie kurz davor, den anderen das Wischtuch aus der Hand zu nehmen. Zum Glück tat sie es nicht, denn das hätte die neue Regelung aufgeweicht. Hin und wieder gab sie ihren Mitbewohnern einen Ratschlag, aber ansonsten ging sie in ihr Zimmer, während die anderen putzten.

Lassen Sie die anderen ran. Lernen Sie, gelassen zuzusehen, statt alles an sich zu reißen.

Die Arbeiten verteilen, statt alles selbst machen

Vielleicht lassen sich nicht alle Putzprobleme in Wohngemeinschaften so regeln wie in diesem Beispiel. Aber die Geschichte von Sandra zeigt sehr schön, worauf es ankommt, wenn Sie die Dinge neu organisieren wollen. Statt weiterhin alles selbst zu machen, verwandeln Sie sich in einen Verteiler oder eine Verteilerin.

Es gibt ganz bestimmte Schritte, die Ihnen helfen, mit anderen Leuten eine Neuverteilung zu organisieren. Die wichtigsten Schritte habe ich hier übersichtlich zusammengefasst. Lesen Sie die einzelnen Punkte durch und nehmen Sie sich die Tipps heraus, die Sie für Ihre Situation brauchen können.

Selbstbehauptungsstrategie: Anfallende Arbeiten neu verteilen

1. Reden Sie mit den Beteiligten

Bitten Sie die Beteiligten um ein Gespräch. Schildern Sie mit sachlichen Worten (ohne zu jammern und ohne Vorwürfe), was bisher gelaufen ist und was Ihnen daran nicht gefällt. Machen Sie deutlich, welche Veränderungen Sie sich wünschen.

2. Suchen Sie nach einer gerechten Regelung

Es kann für alle hilfreich sein, wenn Sie eine Idee oder einen Plan vorbereitet haben, wie die Arbeiten besser verteilt werden könnten. Aber versuchen Sie nicht, Ihren Plan mit Druck durchzusetzen. Wir alle halten uns lieber an Vereinbarungen, die wir gemeinsam mit ausgearbeitet haben. Also stellen Sie sich auf längere Diskussionen ein, und suchen Sie zusammen mit den Beteiligten nach einer Regelung, die alle als gerecht und fair empfinden.

3. Halten Sie die schlechte Stimmung aus

Wenn Sie nicht mehr als Packesel zur Verfügung stehen, bekommen Ihre Mitmenschen mehr zu tun. Es leuchtet ein, dass die anderen darüber nicht besonders glücklich sind. Wahrscheinlich werden sich die Betroffenen anfangs sogar dagegen wehren und versuchen, den alten Zustand wiederherzustellen. Stellen Sie sich also auf dicke Luft und lange Gesichter ein. Aber lassen Sie sich durch diese schlechte Stimmung nicht weich klopfen. Es ist vollkommen in Ordnung, wenn die anderen murren und knurren. Und Sie sind nicht auf der Welt, um Ihre Mitmenschen immer glücklich zu machen.

4. Gemeinsam die neue Vereinbarung im Alltag testen

Bei einer neuen Regelung kann es sinnvoll sein, eine Art Probezeit zu vereinbaren, in der die Regelung getestet wird. Nach einiger Zeit, vielleicht nach vier Wochen oder drei Monaten, setzen sich alle nochmals zusammen und überprüfen, ob der Plan gut funktioniert hat oder ob einiges noch verbessert werden könnte. Hier gibt es jetzt auch die Gelegenheit, über Ausfälle und Pflichtverletzungen zu reden. Warum hat jemand seine Aufgaben nicht erledigt? Welchen Ausgleich gibt es für nicht erledigte Arbeiten? Oder welche Belohnung gibt es für vorbildliche Aufgabenerfüllung?

5. Lernen Sie, sich rauszuhalten

Lassen Sie jetzt die anderen ran. Vielleicht haben Ihre Mitmenschen einen Übungsrückstand und können die anfallenden Arbeiten nicht so gut erledigen, wie Sie das bisher getan haben. Genau das werden Sie sich jetzt ansehen dürfen. Am besten, Sie verabschieden sich von Ihren (hohen) Ansprüchen. Natürlich können Sie Ihren Mitmenschen ein paar Tipps geben, aber ansonsten gilt: Halten Sie sich da raus.

6. Lassen Sie sich nicht austricksen

Meinen Sie es tatsächlich ernst mit Ihrer neuen Abgrenzung? Nun, das kann von Ihren Mitmenschen ganz einfach getestet werden. Da tut jemand nicht das, was er oder sie gemäß der neuen Vereinbarung zu tun hat. Das Geschirr wurde nicht abgewaschen, die Tochter wurde nicht vom Kindergarten abgeholt, das Sitzungsprotokoll wurde glatt vergessen. Und immer gibt es dafür eine gute Erklärung. Sie bekommen eine dramatische Geschichte zu hören, warum das nicht geklappt hat. Damit wird an Ihrer neuen Abgrenzung gerüttelt. Wie standfest sind Sie eigentlich? Oder anders gefragt: Kann man Sie mit vielen Worten oder einer tollen Story austricksen? Sie bestehen diesen Test, indem Sie die Verantwortung an den Betreffenden zurückgeben. Machen Sie Ihrem Gegenüber Folgendes klar: »Das ist die Vereinbarung, und wie du das erledigst, ist allein deine Sache.« Punkt. Bleiben Sie bei dem, was vereinbart wurde. Dadurch zeigen Sie, dass Sie sich selbst und den anderen ernst nehmen.

Nein sagen und Grenzen ziehen ist eine Sache. Eine andere Sache ist es, konsequent zu bleiben. Die nächste Selbstbehauptungsstrategie beschäftigt sich nur damit. Es geht um Ihre Hartnäckigkeit, um Ihre Fähigkeit, energisch und nachdrücklich das zu vertreten, was Sie für richtig halten. Dabei müssen Sie sich nicht aufregen oder laut werden. Sie können Ihre Hartnäckigkeit mit einer ruhigen Gelassenheit kombinieren. Wie Sie das schaffen, steht auf den nächsten Seiten.

Die **vierte**
Selbstbehauptungsstrategie:
Die höfliche Hartnäckigkeit

Wahrscheinlich ist Ihnen das auch schon aufgefallen. Manchmal kommen Ihre Worte einfach nicht an. Sie reden wohl überlegt, in deutlichen Sätzen, und trotzdem passiert nichts. Und das, obwohl Sie eine erstklassige Selbstbehauptung aufs Parkett gelegt haben. Nur Ihr Gesprächspartner scheint davon nichts mitbekommen zu haben. Ihre Worte verpuffen wirkungslos im Weltall.

Was machen Sie jetzt? Ziehen Sie sich beleidigt zurück, weil der andere einfach nicht hören will? Werden Sie wütend und lauter? Nein, tun Sie das nicht. Denn es gibt eine Strategie, die dafür sorgt, dass Ihre Worte tatsächlich auch ankommen. Und zwar mit Nachdruck. Das ist die Strategie der höflichen Hartnäckigkeit.

Nichts erreicht – trotz Selbstbehauptung?

Nur weil Sie etwas ausgesprochen haben, bedeutet das noch lange nicht, dass Ihre Worte bei Ihrem Gesprächspartner auch tatsächlich angekommen sind. Es kann sein, dass der Eindruck täuscht. Ihr Gegenüber sieht vielleicht nur so aus,

als würde er Ihnen zuhören. Er (oder sie) schaut Sie zwar
an, nickt sogar hin und wieder mit dem Kopf, aber kapiert
derjenige auch, was Sie von ihm wollen? Vielleicht ist Ihr
Gesprächspartner mit seinen Gedanken ganz woanders? Tatsächlich können Sie von außen kaum erkennen, ob Ihr
Gegenüber Sie auch tatsächlich versteht.

Die Sache mit der Kommunikation ist manchmal gar nicht
so einfach. Sie wollen sich durchsetzen und teilen Ihrem
Gegenüber mit, worum Sie es bitten. Aber das, was Sie sagen,
trifft häufig auf ein Gehirn, das bereits ziemlich vollgestopft
ist.

**Nur weil Sie etwas gesagt haben,
muss es noch nicht beim anderen
angekommen sein.**

Kurz nachdem die ersten Worte aus Ihrem Mund kamen,
dachte Ihr Gesprächspartner vielleicht gerade daran, wann
er seine Mittagspause machen will und ob er sich ausnahms-
weise eine Pizza gönnen sollte. Und da kommen Sie mit Ihrer
Bitte oder einem neuen Vorschlag. Während Sie noch darüber sprechen, fällt Ihrem Gegenüber ein, dass es das mit
der Pizza doch lieber lassen sollte, weil es heute Abend eingeladen ist. Und dass es nicht vergessen darf, noch Blumen für
die Gastgeberin zu kaufen. Und dann überlegt es noch kurz,
wo es die Blumen kaufen soll und ob es genug Benzin im
Tank hat.

Währenddessen kommen viele Worte aus Ihrem Mund.
Worte, die leider an diesem vollbesetzten Gehirn vorbeirau-
schen. Aber weil Ihr Gesprächspartner ein taktvoller Mensch
ist, schaut er Sie die ganze Zeit interessiert an, nickt auch mal
mit dem Kopf und in Gedanken tippt er darauf, dass der
Tank noch halb voll sein müsste.

Nach einer solchen Begegnung könnten Sie jetzt durchaus
den Eindruck haben, Sie hätten sich souverän behauptet.

Wahrscheinlich haben Sie Ihre Sache sogar sehr gut gemacht. Außer Ihnen hat das bloß niemand gemerkt.

> **Wenn jemand Sie interessiert anschaut und mit dem Kopf nickt, heißt das noch lange nicht, dass er Ihnen auch zuhört.**

Nein, Ihr Gegenüber ist kein Bösewicht, der Sie eiskalt auflaufen lässt, indem er zuerst so tut, als wäre alles in Ordnung und sich dann an nichts mehr erinnert. Die Sache ist viel einfacher. Das, was Sie gesagt haben, ist nie auf der anderen Seite angekommen. Es hat keinen Einlass gefunden in die vollgepackten Gehirnwindungen Ihres Gesprächspartners. Das ist einer der Gründe, weshalb Sie die Strategie der höflichen Hartnäckigkeit brauchen.

Warum es wichtig ist, sich zu wiederholen

Mit Ihrer Hartnäckigkeit verstärken Sie die ersten drei Strategien aus den vorangegangenen Kapiteln. Was immer Sie auch zu Ihrem Gesprächspartner sagen, seien Sie bereit, es beharrlich zu wiederholen. Ohne dabei lauter zu werden oder sich aufzuregen. Einfach das Ganze noch mal sagen und noch mal. Und gern auch noch einmal. Ganz locker und entspannt.

Mit der Strategie der höflichen Hartnäckigkeit können Sie ...

... nachdrücklich Ihre Wünsche oder Ihr Nein durchsetzen,

... energisch werden, ohne sich dabei aufzuregen,

... Ihren Gesprächsfaden in der Hand behalten,

... sich hervorragend gegen Manipulationen und Druck zur Wehr setzen,

... leichter mit Leuten fertig werden, die auch sehr hartnäckig sind.

Werbeleute wissen eine Menge über Kommunikation und darüber, wie man mit seinen Botschaften auf der anderen Seite, beim Kunden, ankommt. Keine Firma würde einen aufwändigen Werbespot produzieren lassen und ihn dann nur ein einziges Mal im Fernsehen senden. Nein, der Werbespot wird andauernd wiederholt. Sie sehen ihn in fast jedem Fernsehkanal und in jedem Werbeblock. Zusätzlich wird die gleiche Botschaft in Zeitschriften und auf möglichst viele Plakatwände gebracht. Werbefachleute wissen, um beim Kunden anzukommen, braucht die Botschaft eine ständige Wiederholung. Je öfter, desto besser. Nur dann besteht die Chance, dass sich die Information in den prall gefüllten Gehirnen der Verbraucher einnistet. Das ist eine Form von Hartnäckigkeit, die Sie jeden Tag erleben können.

Sie sind im Alltag von Hartnäckigkeit umzingelt. Was Sie dagegen tun können? Werden Sie ebenfalls hartnäckig.

Wenn Sie einen Augenblick überlegen, stellen Sie fest, dass Sie in Ihrem Alltag bereits von Hartnäckigkeit umzingelt sind. Alle möglichen Leute, Firmen und Medien sind Ihnen gegenüber bereits sehr beharrlich. Man redet auf Sie ein, attackiert Sie mit Angeboten, versucht Sie zu überreden, und alle kämpfen um Ihre Aufmerksamkeit. Und zwar immer wieder.

Wenn Sie genau hinschauen, dann merken Sie auch, wie beharrlich Ihre Kinder sein können. Und wie ausdauernd Ihre Kollegen mit immer den gleichen Sachen ankommen und mit welcher Sturheit Ihre Verwandten immer dieselben Geschichten erzählen.

Es gibt einen einfachen Weg, wie Sie damit fertig werden können: Lernen Sie, ebenfalls hartnäckig zu sein. Treten Sie für das ein, was Sie wollen, und zwar mit Ausdauer.

Die übliche Hartnäckigkeit in der Geschäftswelt

Es ist schon über zehn Jahre her, da hatte ich in der Pause bei einem meiner Kommunikationstrainings ein interessantes Erlebnis. Es war ein kurzes Gespräch zwischen mir und einem Teilnehmer. Eigentlich war es mehr eine Plauderei, und sie dauerte keine fünf Minuten. Aber danach war ich fest davon überzeugt, dass Hartnäckigkeit unbedingt in jedes Selbstbehauptungstraining gehört. Damals leitete ich ein Kommunikationstraining für Führungskräfte in einer großen Firma. Die Teilnehmer waren ausschließlich Männer. Ein älterer Teilnehmer stellte sich in der Pause neben mich und erzählte mir davon, wie schwer es für ihn sei, eine offene Stelle richtig zu besetzen. Zurzeit müsse er den passenden Kandidaten für die Stelle eines Filialleiters finden. Er hätte zwar eine Wunschkandidatin, aber bei der Frau sei er sich nicht sicher. Ich fragte ihn, warum er unsicher sei, und was er dann erzählte, hat auf mich einen nachhaltigen Eindruck gemacht.

> **Mit der höflichen Hartnäckigkeit verstärken Sie Ihre Selbstbehauptung.**

»Diese Frau kenne ich schon länger, und sie wäre nahezu ideal für den Posten. Sie hat die nötige Qualifikation, und sie hat sich auch für die Stelle bei mir beworben«, erklärte er mir.

»Und wo ist das Problem?«, fragte ich.

Er antwortete: »Ich habe mit ihr ein Bewerbungsgespräch geführt. Und am Ende des Gespräches habe ich sie abgelehnt.

Ich habe ihr auf den Kopf zugesagt, dass sie für diesen Leitungsposten nicht infrage kommt. Und wissen Sie, was diese Frau gemacht hat? Sie ist gegangen. Sie hat wortlos mein Büro verlassen. Ich glaube kaum, dass sie für den Posten die Richtige ist.«

**Mit Ihrer Hartnäckigkeit zeigen Sie
Ihrem Gegenüber, dass Sie es wirklich
ernst meinen.**

Ich war irritiert. Diese Mitarbeiterin war geeignet, und dennoch hat er sie abgelehnt? Was, um Himmels willen, sollte das?

Ich fragte den Mann: »Sie haben sie abgelehnt, und daraufhin hat sie wortlos ihr Büro verlassen. Was hätte sie denn sonst tun sollen?« Der Mann schaute mich mit aufgerissenen Augen an, so, als würde ich plötzlich eine unbekannte Fremdsprache sprechen.

»Na, was hätte sie wohl tun sollen? Kämpfen natürlich! Sie hätte mir aufs Dach steigen müssen, mich am Kragen packen und nicht lockerlassen dürfen.« Er schüttelte den Kopf. »Und was macht sie? Nichts. Sie gibt auf und haut ab.«

Ich wollte gerade etwas sagen, aber der Mann war schneller: »Was meinen Sie, mit wem diese Frau es später als Leiterin zu tun kriegt? Die Mitarbeiter in dieser Außenstelle sind alte, zähe Hasen. Die lassen sich nicht die Butter vom Brot nehmen. Und die Kunden, vor allem die Großkunden, sind echte Dickköpfe. Da muss jemand in der Leitung sein, der standfest ist. Jemand, der sich nicht gleich umpusten lässt, wenn der Wind mal rauer weht.«

**Geben Sie nicht gleich auf, wenn der
andere Nein zu Ihnen sagt.**

»Also war Ihre Ablehnung nur ein Test?«, fragte ich.

Mein Gesprächspartner winkte ab: »Ach, was heißt hier Test! Ich brauche jemanden, der Rückgrat hat und zäh am Ball bleibt. Jemand, der standfest ist. Wortlos das Büro verlassen – diese Frau hat viel zu wenig Biss.«

Bei einem Nein fängt die Verhandlung erst an

»Ein Nein ist ein Nein, und dem muss man sich fügen.« Bitte, vergessen Sie diesen Satz. Vor allem, wenn Sie in der männlich-dominierten Geschäftswelt mitspielen wollen. Dort heißt ein Nein nur: Jetzt geht's erst richtig los. Ab jetzt wird zäh nachgefasst, beharrlich verhandelt und bloß nicht lockerlassen. Ohne Hartnäckigkeit sind Sie dort auf verlorenem Posten.

Übrigens kann es gut sein, dass in dieser männlich dominierten Geschäftswelt auch Ihr Nein nicht auf Anhieb akzeptiert wird. Also wundern Sie sich nicht, wenn Sie dort eine Grenze ziehen und andere beharrlich daran rütteln.

Ohne Ihre Hartnäckigkeit stehen Sie in der Geschäftswelt auf verlorenem Posten.

Umgekehrt ist es wichtig, dass Sie nicht sofort aufgeben, wenn man zu Ihnen Nein sagt. Stellen Sie sich innerlich darauf ein, dass eine Ablehnung nur eine vorübergehende Antwort sein kann. Ob ein Nein tatsächlich der Schlusspunkt ist, wissen Sie erst, nachdem Sie hartnäckig gewesen sind.

Ihr Chef hat keine Zeit, um mit Ihnen zu reden. Okay, dann zeigen Sie mal, wie zäh Sie um einen Termin ringen können. Ihr Vorschlag wurde überhört? Wiederholen Sie ihn. Und noch einmal. Und wenn das nichts nützt, dann verschicken Sie Ihren Vorschlag als Memo oder singen Sie ihn laut, während Sie durch die Flure schreiten. Sie wollen andere Aufgaben übernehmen, aber leider sind die schon vergeben? Bleiben Sie am Ball, denn das ist eine tolle Möglichkeit, um Ihre Ausdauer zu trainieren.

Die Hartnäckigkeit, die jedes Kind beherrscht

Wie man so richtig schön beharrlich ist, können Sie problemlos von einem fünfjährigen Kind lernen. Kleine Kinder haben nicht allzu viele Möglichkeiten, um sich gegen die mächtigen Erwachsenen durchzusetzen. Aber sie können beharrlich sein. Sie können so richtig stur immer wieder das Gleiche sagen. Jedes kleine Kind kennt diese Strategie, und wenn Sie Kinder haben, wissen Sie, wovon ich hier rede.

Keine Angst, Sie müssen nicht so reden, wie ein fünfjähriges Kind. Ich zeige Ihnen in diesem Buch vor allem die psychologisch ausgereiften Gesprächsstrategien. Schließlich brauchen Sie eine erwachsene Sprechweise, um sich in einer Erwachsenenwelt durchzusetzen. Dennoch zeigt Ihnen ein Kind von fünf Jahren die Grundbausteine dieser Hartnäckigkeit.

Sie wissen bereits, wie man hartnäckig sein kann. Schon im Alter von fünf Jahren konnten Sie das hervorragend.

Damals als fünfjähriges Kind konnten Sie hervorragend beharrlich sein. Sie wussten, wie das geht – ohne irgendein Buch oder Training. Wenn Sie sich daran erinnern, haben Sie diese Selbstbehauptungsstrategie praktisch schon verinnerlicht. Hier ist ein Beispiel, das Ihnen zeigt, wie diese ganz simple Form der Hartnäckigkeit in einem Gespräch funktioniert.

Ausdauer gewinnt

Es waren noch sechs Wochen bis Weihnachten, und auch im Supermarkt an der Ecke wurde jetzt Kinderspielzeug verkauft. In dieser Woche waren es Stofftiere. In einem großen Extra-Verkaufsständer lagen kleine Hasen, Katzen und Hunde. Alle mit kuscheligem Fell und süßem Gesicht – praktischerweise gleich in Griffhöhe der Kinder.

Ich hörte Alice schon von weitem. Ihre helle Kinderstimme erfüllte den ganzen Supermarkt. Die knapp fünfjährige Alice wohnte mit ihren Eltern in der Nachbarschaft. Während ich meinen Einkaufswagen durch die Gänge schob, hörte ich, wie Alice ihrer Mutter aufgeregt zurief: »O Mama, guck mal! Ein Häschen! Ich hab ein Häschen gefunden!« Die Mutter war mit dem Einkaufswagen in einem anderen Gang und rief ihrer Tochter zu: »Leg das wieder weg und komm her zu mir.« Kurz darauf hörte ich, wie Alice sagte: »Guck mal Mama, das Häschen ist so weich.« Offenbar hatte Alice den Stoffhasen immer noch in der Hand. Ich schob meinen Einkaufswagen in Richtung der Obst- und Gemüseabteilung, und da standen die beiden.

Hartnäckigkeit ist eine Form von Macht.

Die Mutter begutachtete die Äpfel und sagte fast nebenbei zu ihrer Tochter: »Komm Schatz, leg das Häschen wieder zurück. Du hast genug Stofftiere in deinem Kinderzimmer. Und Oma hat dir zu Ostern auch schon einen Stoffhasen geschenkt.«

Die Worte der Mutter beeindruckten die Kleine nicht: »Nein Mama, so ein Häschen hab ich nicht. Dieses hier ist braun. Das von Oma ist ganz weiß. Ich will aber dieses braune Häschen hier.«

Die Mutter war mit ihrem Einkaufswagen bereits einen

Gang weitergefahren und rief übers Regal hinweg: »Nein Alice, es gibt kein Häschen! Leg das wieder weg und komm her.«

Und jetzt zeigte Alice allen Supermarktkunden, wie man auf ganz klassische Weise hartnäckig sein kann.

»Mama, nur dieses eine Häschen. Bitte!!!«

»Gerade eben habe ich Nein gesagt!«

Um hartnäckig zu sein, brauchen Sie keine Argumente. Nur Ausdauer.

»Aber Mama, das Häschen ist hier ganz allein. Ich will das so gern mit nach Hause nehmen.«

Die Mutter rauschte heran und war jetzt ziemlich genervt: »Ich hab gesagt Nein, und dabei bleibt es. Leg das Stofftier zurück und komm jetzt mit!«

Alices Stimme klang etwas weinerlich: »Das Häschen heißt Nicki. Und Nicki will gern bei mir sein.«

Jetzt war die Mutter wieder dran. Ihre Stimme klang immer noch genervt: »Nein, das geht nicht, und ich hab gesagt, du sollst das weglegen.«

»Aber Nicki ist hier ganz allein!«, protestierte die Kinderstimme laut hörbar durch den ganzen Supermarkt.

Die Mutter versuchte es mit Vernunft: »Du hast doch bestimmt schon zwanzig Stofftiere. Das muss doch mal genug sein. Schau mal, da ist doch gar kein Platz mehr auf deinem Bett.«

Aber das klang nicht mehr so entschlossen wie am Anfang.

»Mama, ich will nur noch Nicki haben, sonst keine Tiere«, antwortete Alice.

Tiefes Seufzen von der Mutter: »Mit dir kann man einfach nicht einkaufen gehen! Aber das ist jetzt wirklich das letzte Stofftier! Mehr gibt es nicht. Auch nicht zu Weihnachten.«

Ausdauer gewinnt.

»O toll! Nicki, du bleibst bei mir«, rief Alice freudig.

Die Mutter murmelte etwas von »... mal wieder rumge-
kriegt.«

Nein, zur Zeit brauchte Alice kein Selbstbehauptungstraining.

Aber vielleicht ihre Mutter.

Die Erlaubnis, stur zu sein

Hartnäckigkeit ist etwas, was Kinder bereits können, aber
viele Erwachsene wieder verlernt haben. Während wir groß
wurden, ist bei vielen von uns die Fähigkeit, beharrlich zu
sein, verkümmert.

Unsere ursprüngliche Hartnäckigkeit wurde im Laufe der
Erziehung durch gutes Benehmen ersetzt. Als Kinder lernten
wir, uns anzupassen und zu gehorchen. Wir lernten, wie man
lieb und artig ist. Und dass es sich nicht gehört, Widerworte
zu geben und stur zu sein, weil man damit andere Leute nur
nervt.

**Sie haben das Recht, Ihre Wünsche
hartnäckig zu vertreten.**

Je mehr die Erziehung in Richtung artiges Kind ging, desto
mehr Hartnäckigkeit wurde in den Untergrund gedrängt.
Deshalb fällt es vielen Erwachsenen so schwer, in einem Gespräch beharrlich zu sein. Tief in ihrem Inneren fürchten sie
immer noch, dass man sie für ihre Hartnäckigkeit tadeln und
sogar bestrafen könnte.

Bei der höflichen Hartnäckigkeit geht es überhaupt nicht
um ungehöriges Benehmen oder darum, frech zu werden. Im
Kern geht es nur darum, sich zu wiederholen, also das Gleiche noch mal zu sagen. Und noch mal. Einmal mehr beharr-

lich zu sein als der andere. Ohne sich dabei aufzuregen und ohne den Gesprächspartner anzugreifen. Das ist eine höfliche Hartnäckigkeit – ohne emotionale Eskalation.

Lassen Sie sich nicht abwimmeln

Ich möchte Ihnen gleich die ABC-Hartnäckigkeitsschleife vorstellen. Diese Selbstbehauptungsstrategie hilft Ihnen vor allem dann, wenn Ihr Gegenüber versucht, Sie abzuwimmeln. Solche Abwimmelversuche im Gespräch können Sie leicht erkennen. Ihr Gesprächspartner geht nicht wirklich auf das ein, was Sie wollen. Stattdessen bekommen Sie nur das zu hören, was ich die Standardablehnungen nenne. Diese Standardablehnungen sind pauschale Einwände, die ungefähr so klingen:

»Das geht nicht.«
»Nein, das haben wir noch nie gemacht.«
»Das gibt es nicht.«
»Das bringt doch nichts.«

Solche standardmäßigen Geht-nicht, Gibt's-nicht, Bringt-nichts können Sie überall dort hören, wo man nicht näher auf Ihre Wünsche und Bitten eingehen will. Beispielsweise in einem Geschäft, wenn Sie etwas reklamieren oder umtauschen wollen. Oder wenn Sie dort um eine Vergünstigung (zum Beispiel Preisnachlass, Rabatte etc.) nachfragen. Oder auch wenn Sie Ihre Kinder um Mithilfe im Haushalt bitten.

**Ein wirkliches Gespräch beginnt
häufig erst, nachdem Sie lange genug
beharrlich waren.**

Es ist wichtig, dass Sie nicht sofort aufgeben, wenn der andere mit diesen Geht-nicht, Gibt's-nicht und Bringt-nichts antwortet. Denken Sie daran: Das sind nur die typischen Standard-ablehnungen, mit denen Ihr Gesprächspartner versucht, Sie möglichst schnell abzuspeisen in der Hoffnung, dass Sie sofort aufgeben. Oft beginnt das wirkliche Gespräch erst, *nachdem* Ihr Gesprächspartner alle seine Standardablehnungen ausge-sprochen hat und Sie immer noch da sind.

Bleiben Sie hartnäckig bei dem, was Sie wollen

Mit der nachfolgenden ABC-Hartnäckigkeitsschleife können Sie die Abwimmelversuche Ihres Gegenübers gelassen beant-worten.

Selbstbehauptungsstrategie: Die ABC-Hartnäckigkeitsschleife

1. Legen Sie vorher fest, was Sie genau wollen

Überlegen Sie sich vor dem Gespräch, welchen Wunsch oder welche Bitte Sie haben. (Wunsch oder Bitte kann auch bedeuten, dass Sie Nein sagen wollen.) Überlegen Sie sich auch, welche Begründungen Sie für Ihr Anliegen haben. Also, *warum* Sie das wollen, was Sie wollen. Zwei oder drei Begründungen reichen aus.

2. Sprechen Sie Ihren Wunsch deutlich aus

Gehen Sie in Ihre königliche Muthaltung, und bauen Sie Ihren Schutzschild auf. Sagen Sie, was Sie wollen und zwar in knappen, kurzen Sätzen. (Benutzen Sie dafür die Strategien aus dem 2. und 3. Kapitel.)

3. Hören Sie gut zu, was Ihr Gegenüber antwortet

Wenn Ihre Bitte abgelehnt wird, können Sie mit der ABC-Schleife antworten. Diese Hartnäckigkeitsschleife besteht jeweils aus drei Sätzen, die Sie alle hintereinander aussprechen:

    A. Wiederholen Sie kurz, in einem Satz, was Ihr Gegenüber gesagt hat. Damit zeigen Sie, dass Sie ihm zugehört haben. Etwa so: »Also Sie meinen ... (jetzt kommt das, was der andere gesagt hat – in einem Satz zusammengefasst).«

    B. Gleich danach wiederholen Sie das, was Sie wollen. Das ist Ihr Willenssatz, und er ist zugleich das Kernstück dieser Strategie. »Und ich möchte ... (jetzt kommt Ihr Wunsch nochmals in einem Satz).«

    C. Im dritten Satz begründen Sie Ihre Bitte. Etwa so: »Ich möchte das, weil ... (jetzt kommt eine Begründung für Ihren Wunsch oder Ihre Bitte).« Nennen Sie immer eine einzige Begründung pro Hartnäckigkeitsschleife. Wenn Ihnen die Begründungen ausgehen, ist das kein Problem. Fangen Sie wieder mit der ersten Begründung an.

4. Bleiben Sie hartnäckig, solange Ihr Gegenüber auch hartnäckig ist

Wenn Ihr Gegenüber jetzt immer noch ablehnend ist, drehen Sie eine weitere ABC-Hartnäckigkeitsschleife, wieder im Drei-Satz-Muster:

Wiederholen Sie kurz die Meinung Ihres Gegenübers (A), um zu zeigen, dass Sie zugehört haben.

Dann kommt Ihr Willenssatz (B) und anschließend begründen Sie das, was Sie wollen mit einem Weil-Satz (C).

5. Halten Sie durch, ohne sich aufzuregen

Diese ABC-Hartnäckigkeitsschleifen drehen Sie ganz gelassen, so oft wie nötig. Sie hören erst damit auf, wenn der andere seine ablehnende Haltung verändert und anfängt, sich mit Ihrer Bitte tatsächlich zu beschäftigen. Oder wenn Sie genug haben und merken, dass Sie selbst mit dieser höflichen Hartnäckigkeit nicht weiterkommen.

Der sanfte Kampf um die eigenen Interessen

Ich möchte Ihnen an einem Beispiel zeigen, wie diese ABC-Hartnäckigkeitsschleife praktisch in einem Gespräch funktioniert. Die Ausgangssituation ist folgende: Der Mitarbeiter möchte gern an einer Weiterbildung im Sommer teilnehmen. Bisher hat ihn sein Vorgesetzter immer abgewimmelt. Jetzt probiert es der Mitarbeiter mit der Hartnäckigkeitsschleife. Beachten Sie, wie der Vorgesetzte seine üblichen Standardablehnungen abspult und wie der Mitarbeiter trotzdem bei seinem Wunsch bleibt.

**Mit höflicher Hartnäckigkeit greifen
Sie Ihr Gegenüber nicht an,
Sie bleiben nur beharrlich bei dem,
was Sie wollen.**

Mitarbeiter: »Entschuldigung, dass ich nochmals störe. Aber es geht immer noch um die Weiterbildung zum Kundenberater. Ich hatte schon letzte Woche mit Ihnen darüber gesprochen und Ihnen das Weiterbildungsprogramm gegeben.«

Chef: »Ja, und was habe ich dazu gesagt? Soweit ich mich erinnere, war ich dagegen.«

Mitarbeiter: »Deswegen wollte ich auch noch einmal mit Ihnen reden.«

Chef: »Tut mir leid, ich hab jetzt keine Zeit. In zehn Minuten kommen zwei wichtige Kunden.«

Mitarbeiter: »Ja, Sie haben im Moment keine Zeit, um sich mit mir zu unterhalten. (A = Wiederholen, was der andere gesagt hat.) Ich möchte sehr gern an der Weiterbildung zum Kundenberater im Juli teilnehmen. (B = der Willenssatz) Das hätte den Vorteil, dass wir wenigstens einen in unserer Abteilung hätten, der diese neue Weiterbildung abgeschlossen hat.« (C = Begründung)

Chef: »Und wie stellen Sie sich das praktisch vor? Das Ganze soll im Juli stattfinden. Ausgerechnet in der Urlaubszeit wollen Sie zu einer Weiterbildung. Soll ich den Laden hier etwa dichtmachen?«

**Sie müssen die Meinung des anderen
nicht bekämpfen, um sich durchsetzen.**

Mitarbeiter: »Ja, irgendwie muss das mit der Urlaubszeit geregelt werden. (A) Ich möchte an der Weiterbildung teilnehmen (B), weil wir schon öfter darüber geredet haben, dass wir unsere Kundenbetreuung verbessern müssten. Ich könnte von da sicher einige Anregungen mitbringen, die der ganze Abteilung nützen.« (C)

Chef: »Sie wiederholen sich. Ich habe schon begriffen, was Sie wollen. Aber Tatsache ist doch, dass solche Veranstaltungen für die Praxis überhaupt nichts bringen. Da wird viel zu viel theoretisches Zeug erzählt.«

Mitarbeiter: »Sie sind der Meinung, dass solche Veranstaltungen überhaupt nichts bringen würden. (A) Ich verspreche mir sehr viel davon und möchte daran wirklich gern teilnehmen (B) ...«

Chef unterbricht: »... und zwar auf Firmenkosten, nehme ich an. Sie wissen doch hoffentlich, dass das Geld für solche Weiterbildungen nicht mehr so üppig sprudelt wie früher. Da wird jetzt auch kräftig gespart. Also machen Sie sich da keine Hoffnung.«

Mit Ihrer höflichen Hartnäckigkeit zeigen Sie, dass Sie Rückgrat haben und wissen, was Sie wollen.

Mitarbeiter: »Es könnte also sein, dass es für meine Weiterbildung kein Geld mehr gibt? (A) Mir ist diese Veranstaltung sehr wichtig. (B) Ich wollte schon vor zwei Jahren daran teilnehmen, aber das ging nicht, weil hier alles umstrukturiert wurde. Deshalb möchte ich dieses Mal gern dabei sein.« (C)

Chef: »Ja, nun ist es gut! Mein Gott, wie lange wollen Sie sich denn noch wiederholen? Sie sind wirklich nicht davon abzubringen, oder?« Der Chef steht auf: »Okay, ich kann Ihnen nichts versprechen, aber ich will mal sehen, was ich für Sie tun kann. Ich werde mit der Personalabteilung reden. Aber machen Sie sich da keine falschen Hoffnungen.«

Mitarbeiter: »Okay. Danke! Wäre es in Ordnung, wenn ich Sie Montag nochmals darauf anspreche? «

Chef: »Ja, meinetwegen. Aber nun hab ich wirklich einen Termin.«

Erst nachdem der Chef alle seine Standard-geht-nicht-Ein-
wände losgeworden ist, gab es eine Veränderung in seinem
Gesprächsverhalten. Erst dann war er bereit, sich um den
Wunsch seines Mitarbeiters zu kümmern. Es gab zwar noch
kein endgültiges Ja, aber auch kein hartes Nein mehr. Es be-
wegte sich etwas.

**Ob etwas tatsächlich geht oder
nicht geht, wissen Sie erst,
nachdem Sie beharrlich waren.**

Dabei ist der Mitarbeiter nicht auf ein einziges Argument
seines Chefs wirklich eingegangen. Er hat nur die Meinung
seines Chefs mit eigenen Worten wiederholt und seinen
Wunsch plus Begründung drangehängt. Das war keine Ge-
genargumentation, sondern nur gut verpackte Hartnäckigkeit.

Natürlich ist dem Chef aufgefallen, dass sich der Mitarbeiter immer wiederholt hat. Aber letztlich waren diese Wieder-
holungen wirksam. Dieser Mitarbeiter hat sich nicht gleich
beim ersten, zweiten oder dritten Geht-nicht abwimmeln lassen. Er blieb am Ball und konnte so wenigstens die harte
Nein-Front aufweichen.

Häufige Fragen zur Selbstbehauptungs-
strategie »Die höfliche Hartnäckigkeit«

*»Wie lange sollte man in einem Gespräch diese Hartnäckigkeits-
schleifen drehen?«*
Bleiben Sie grundsätzlich so lange hartnäckig, bis Ihr
Gegenüber merkt, dass alle seine Gegenargumente Sie nicht
umstimmen können. Bis Ihr Gegenüber versteht, dass er mit
seinen üblichen rhetorischen Mitteln nicht gegen Sie an-

kommt. Das kann unterschiedlich lange dauern. Manche Ihrer Gesprächspartner haben vielleicht nur zwei oder drei Einwände auf Lager. Andere haben womöglich einen größeren Vorrat, und bei denen brauchen Sie auch mehr Hartnäckigkeitsschleifen, bis sich etwas ändert.

Seien Sie einmal mehr hartnäckig als Ihr Gegenüber.

Wenn Ihr Gegenüber merkt, dass Sie absolut standfest sind, hören Sie oft einen Satz wie:

»Na, Sie sind aber ziemlich dickköpfig.«

»Du wiederholst dich andauernd. Warum, um Himmels willen, bist du nur so stur?«

»Ja, das haben Sie mir jetzt schon hundert Mal gesagt.«

Jetzt hat Ihr Gesprächspartner begriffen, dass Sie nur noch hartnäckig sind. Bestätigen Sie seine Wahrnehmung und sagen Sie etwas wie: »Ja, es stimmt. Die Sache ist mir wirklich wichtig.«

Beenden Sie Ihre Hartnäckigkeit, wenn Ihr Gegenüber sein Gesprächsverhalten verändert. Also, wenn der andere aufhört, immer neue Einwände vorzubringen und stattdessen eine Lösung in Aussicht stellt. Denn jetzt können Sie zusammen mit Ihrem Gegenüber wirklich über die Sache reden – ohne Hartnäckigkeitsschleifen. Kurz gesagt: Wenn Ihr Gegenüber seine Sturheit aufgibt, können Sie Ihre auch beenden und »normal« mit ihm weiterreden.

Stoppen Sie Ihre Hartnäckigkeit, wenn sich eine Lösung anbahnt.

»Aber was mache ich, wenn der andere genauso hartnäckig ist wie ich?«

In so einem Fall, wenn beide total hartnäckig sind, könnte das Gespräch bis in alle Ewigkeit weitergehen – ohne ein Ergebnis. Das wäre eine ziemliche Zeit- und Energieverschwendung.

Falls Ihr Gesprächspartner genauso hartnäckig ist, lohnt es sich, neugierig zu sein. Fragen Sie Ihr Gegenüber, ob er zufällig dieses Buch gelesen hat oder woher er sonst diese bewundernswerte Beharrlichkeit hernimmt.

Anschließend stellen Sie fest, dass das Gespräch in dieser Form nicht mehr viel bringen wird, außer vielleicht, dass beide ihre Hartnäckigkeitsmuskeln noch etwas trainieren. An dieser Stelle können Sie das Gespräch getrost abbrechen. Wenn Sie Nein sagen wollten, bleiben Sie bei Ihrem Nein. Und wenn Sie etwas von Ihrem Gegenüber bekommen wollten, dann stellen Sie jetzt fest, dass Sie es auch mit Ihrer Hartnäckigkeit nicht erreicht haben. Aber selbst jetzt haben Sie immer die Möglichkeit, aus der Situation etwas für sich rauszuholen. Im zweiten Kapitel dieses Buches habe ich eine Strategie beschrieben, die Ihnen hilft, kreativ mit einem Nein umzugehen. Diese Strategie könnte jetzt nützlich sein.

Ihr Gegenüber hat das Recht, genauso hartnäckig zu sein wie Sie.

»Nervt meine Hartnäckigkeit den anderen nicht irgendwann?«

Vielleicht. Sie können nicht mit Sicherheit vorhersagen, wie Ihr Gesprächspartner auf Ihre Hartnäckigkeit reagieren wird. Denken Sie daran: Sie sind nicht böse, und Sie greifen Ihr Gegenüber auch nicht an. Sie sind einfach nur beharrlich. Im Businessbereich ist diese zähe Ausdauer ein Zeichen von Engagement und Leitungskompetenz. Es ist also gut möglich, dass Ihr Gesprächspartner Ihre Hartnäckigkeit respektiert oder sogar bewundert.

Sie müssen es nicht jedem recht machen. Es ist in Ordnung, wenn andere Menschen denken, Sie seien schwierig.

Es kann natürlich auch sein, dass Ihr Gesprächspartner sauer ist, weil er sich so lange mit Ihnen beschäftigen muss und weil seine üblichen Abwimmelversuche nicht funktionieren. Ja, Ihr Gegenüber hat das Recht, darüber genervt zu sein.

Letztlich ist es natürlich Ihre Entscheidung, wie weit Sie mit Ihren Hartnäckigkeitsschleifen gehen wollen. Oder anders gefragt: Wie viel dicke Luft wollen Sie für die Durchsetzung Ihrer Wünsche riskieren? Nein, Sie müssen die Sache nicht so weit treiben, bis der andere rot anläuft oder ihm kleine Rauchwolken aus den Ohren quellen.

Wenn die Luft langsam dicker wird, ist es nützlich, einen Satz zu sagen, wie: »Ich möchte Sie nicht verärgern« oder »Ich möchte Sie nicht nerven. Aber die Sache ist mir wirklich wichtig.«

> **Seien Sie clever. Überlegen Sie, wie weit Sie mit Ihrer Hartnäckigkeit gehen wollen.**

Darüber hinaus können Sie Ihre Beharrlichkeit abmildern, indem Sie zwischen Ihren Hartnäckigkeitsschleifen mehr Platz lassen. Führen Sie zwischendurch ein ganz normales Gespräch, argumentieren Sie ein wenig, und streuen Sie die ABC-Schleifen immer mal wieder ein. So wirkt Ihre Hartnäckigkeit nicht ganz so massiv.

Zu guter Letzt können Sie Ihrem Gesprächspartner auch verraten, wie er sich das Genervt-Sein ersparen kann. Er braucht bloß das zu tun, worum Sie ihn bitten und schon hat er seine Ruhe.

Wie Sie mit unsachlichen Bemerkungen gelassen fertig werden

Mit der ABC-Hartnäckigkeitsschleife können Sie sich auch sehr gut behaupten, wenn Ihr Gesprächspartner unsachlich wird. Sehr oft sind giftige oder dumme Bemerkungen ein Zeichen dafür, dass Ihr Gesprächspartner Sie als zu stark empfindet. Ihr Gegenüber fühlt sich unterlegen und versucht das auszugleichen, indem er oder sie eine Stichelei vom Stapel lässt. Wenn Sie sich davon provozieren lassen, haben Sie augenblicklich verloren. Denn egal, wie schlagfertig Sie auch Kontra geben, Ihr Gegenüber hat Sie in etwas verwickelt, was Sie nicht wollten. Denn jetzt kämpfen Sie gegen die dumme Bemerkung, und damit sind Sie weit von Ihrem Wunsch abgekommen. Das genau war der Zweck dieser Stichelei. Sie werden von dem abgelenkt, was Sie wollen, und zusätzlich auch noch emotional erschüttert. Wenn Sie jetzt Ihrerseits auch giftig werden und auf dem gleichen unterirdischen Niveau zurückschlagen, riskieren Sie einen Streit. Und damit haben Sie das, was Sie ursprünglich wollten, endgültig aus den Augen verloren. (Wenn Sie allerdings witzige und auch sachliche Kontraantworten suchen, empfehle ich Ihnen mein Buch *Die etwas intelligentere Art, sich gegen dumme Sprüche zu wehren.*)

Vorsicht! Oft sind dumme Sprüche nur dazu da, um Sie von Ihrem Anliegen abzulenken.

Mit der ABC-Hartnäckigkeitsschleife können Sie jede Stichelei gelassen beantworten. Dabei bleiben Sie beharrlich bei Ihrem Wunsch und gehen nicht weiter auf die seltsamen Bemerkungen Ihres Gegenübers ein. Wie das praktisch funktioniert, zeigt dieses Beispiel.

Sie können sich hartnäckig weigern, auf eine dumme Bemerkung zu antworten.

Es geht um zwei Kolleginnen, die sich einen Büroraum teilen. Eine der Frauen heißt Anne und sie möchte sich gern von ihrer Kollegin abgrenzen. Die Kollegin ist nicht ganz so ordnungsliebend wie Anne. Auf dem Schreibtisch dieser Kollegin herrscht oft ein ziemliches Chaos. Und weil diese Kollegin auch noch sehr hektisch arbeitet, hat sie es sich angewöhnt, mal schnell in Annes Schreibtisch herumzuwühlen, wenn sie Büromaterial sucht. Findet sie auf ihrem eigenen Schreibtisch keine Heftklammern, sucht sie in Annes Schreibtisch danach. Weiß sie nicht mehr, wo die großen Briefumschläge liegen, durchsucht sie Annes Schubladen. Einmal hat diese Kollegin in einer Schublade Annes Terminkalender gefunden und gefragt: »Was ist das denn? Ist das dein Tagebuch? Was steht denn da drin?« Anne gefiel das überhaupt nicht. Sie mochte es nicht, dass die Kollegin ihren Schreibtisch durchwühlte und sich dort einfach bediente. Anne wollte, dass die Kollegin sie vorher fragt, bevor sie dort etwas sucht. Genau darum hat Anne ihre Kollegin auch schon gebeten, aber die hat nur »ja, ja« geantwortet und so weitergemacht wie bisher.

Jetzt wollte Anne sich noch energischer abgrenzen und zwar mit der Hartnäckigkeitsstrategie. Allerdings neigte ihre Kollegin dazu, ein wenig herumzustichein. Aber Anne ließ sich von den Sticheleien nicht treffen. Mithilfe der Hartnäckigkeitsstrategie blieb sie beharrlich bei dem, was sie wollte – ohne sich zu streiten.

Anne zu ihrer Kollegin: »Du, ich habe eine Bitte an dich. Mir ist aufgefallen, dass du – ohne mich zu fragen – öfter etwas aus meinem Schreibtisch nimmst. Ich mag das nicht. Bitte frag mich in Zukunft, wenn du etwas suchst.«

**Nur weil jemand Ihnen einen Streit
anbietet, müssen Sie nicht darauf
einsteigen.**

Die Kollegin: »Äh? Versteh ich nicht! Wieso muss ich dich
fragen? Wir arbeiten hier doch zusammen. Da muss ich doch
wohl keinen Antrag ausfüllen und ihn bei dir einreichen, bevor ich eine Heftklammer von dir bekomme.«

Anne: »Du willst nicht, dass es hier zwischen uns um-
ständlich läuft. Das kann ich verstehen. (A) Und ich möchte, dass du mich fragst, bevor du dir etwas von meinem
Schreibtisch nimmst (B), weil es mir sehr unangenehm ist,
wenn du einfach so meine Schreibtischschubladen durch-
suchst.« (C)

Kollegin: »Weißt du, warum dir das unangenehm ist? Weil
du immer die Kontrolle behalten willst. Du bist ein Kontrollfreak. Solche Leute wie du haben überall ihre Finger drin und
kommandieren andere gern herum. Das hat sicherlich etwas
mit deiner Kindheit zu tun.«

Anne: »Das ist deine Meinung. Aber das, worum ich dich
bitte, ist mir wirklich wichtig. Ich habe alle Sachen in den
Schubladen gut sortiert. Wenn du mich fragst, kann ich dir
schnell etwas herausgeben. Nur bitte frag mich vorher.«

**Die härteste »Strafe« für einen
Provokateur ist, wenn Sie seine
Provokationen nicht beachten.**

Kollegin: »Entschuldigung, aber du wiederholst dich andauernd. Ich wollte ja nur sagen, dass ich das kleinlich und
stupide finde.«

Anne: »Ja, ich wiederhole mich, weil ich nicht will, dass das
so weitergeht wie bisher. Bitte, frag mich, wenn du etwas
brauchst und wühl nicht einfach in meinem Schreibtisch herum. Dann wäre ich schon zufrieden.«

Kollegin: »Oh, du nervst! Also gut, ich werde wie ein kleines Kind antrotten und bei dir bitte, bitte machen. Ist es so recht?«

Anne: »Ja, es reicht vollkommen, wenn du mich nur fragst. Danke.«

So bleiben Sie hartnäckig bei Ihren Wünschen

Die meisten Sticheleien und dummen Bemerkungen sind Nebenschauplätze, auf die Sie Ihr Gegenüber gern locken möchte. Wie in dem Beispiel von Anne. Dort hat die Kollegin einen Nebenschauplatz angeboten mit den Worten: »Du bist ein Kontrollfreak. Solche Leute wie du haben überall ihre Finger drin und kommandieren andere gern herum.« Es wäre für Anne leicht gewesen, darauf Kontra zu geben. Etwa indem sie sich gegen die Bezeichnung Kontrollfreak wehrt oder indem sie die Kollegin als Chaotin bezeichnet. Hätte Anne das gesagt, wäre sie auf dem Nebenschauplatz gelandet. Sie hätte sich über etwas gestritten, was überhaupt nicht *ihr* Thema war. Es ging nicht darum, wer ein Kontrollfreak ist oder wer chaotisch ist. Es ging darum, dass die Kollegin nicht mehr in Annes Schreibtisch herumwühlt. Das war der Knackpunkt. Und genau den hat Anne beharrlich immer wieder angesprochen. Alle angebotenen Provokationen und Nebenschauplätze hat sie mithilfe der Hartnäckigkeitsstrategie einfach ignoriert.

Nur wenn Sie gelassen bleiben, können Sie ein Gespräch steuern.

Sie können nicht verhindern, dass Ihr Gegenüber unsachlich wird. Denn für das Verhalten Ihres Gesprächspartners sind

Sie nicht zuständig. Das ist allein die Angelegenheit des anderen. Aber es gibt auf der Welt kein Gesetz, das Sie zwingt, auf eine unsachliche Bemerkung auch noch zu antworten. Was immer Ihr Gesprächspartner sagt, es steht Ihnen völlig frei, ob Sie darauf eingehen wollen oder nicht.

Ignorieren Sie die Angriffe Ihres Gegenübers so lange, bis ihm die Munition ausgeht.

Mit der Hartnäckigkeitsstrategie können Sie jede unsachliche Bemerkung ins Leere laufen lassen. Der andere bekommt von Ihnen einfach keine Rückmeldung auf seine Stichelei. Er hat versucht, Sie hochzunehmen, aber Sie drehen ganz gelassen noch eine Runde mit Ihrer Hartnäckigkeitsschleife. Das tun Sie so lange, bis Ihrem Gegenüber die Munition ausgeht. Erst wenn Ihr Gesprächspartner deutlich merkt, dass Sie sich auf keinen Streit einlassen, besteht eine reelle Chance, dass sich das Gespräch in eine andere Richtung bewegt. Denn jetzt merkt Ihr Gesprächspartner, dass Sie unerschütterlich zu dem stehen, was Sie wollen. Und dass man Sie nicht aus der Fassung bringen kann.

Diese Selbstbehauptungsstrategie hat noch einen großen Vorteil: Während Sie beharrlich sind, bleiben Sie zugleich fair. Von Ihnen kommen keine dummen Bemerkungen. Sie lassen keine Unsachlichkeiten vom Stapel. Und da Sie Ihren Gesprächspartner nicht angreifen, kann er Ihnen auch entgegenkommen, ohne sich dabei wie ein Verlierer zu fühlen. Sie haben Ihr Gegenüber nicht gedemütigt und auch nicht herabgesetzt. Oder anders gesagt: Sie haben die Beziehungsebene im Gespräch nicht vergiftet. Das macht den Weg frei, um sich auf der Sachebene zu einigen.

Solange Sie Ihren Gesprächspartner nicht angreifen, kann er Ihnen entgegenkommen, ohne sein Gesicht zu verlieren.

Hier kommt jetzt die Strategie, die Ihnen zeigt, wie Sie Unsachlichkeiten mithilfe der Hartnäckigkeitsschleife aushebeln können.

Selbstbehauptungsstrategie: So lassen Sie dumme Bemerkungen ins Leere laufen

1. Gehen Sie in Ihre königliche Muthaltung

Falls Ihr Gesprächspartner unsachlich wird oder eine dumme Bemerkung macht, überprüfen Sie zuerst Ihre königliche Muthaltung. Setzen oder stellen Sie sich gerade hin, lassen Sie Ihre Schultern breit werden und ein wenig tiefer sinken. Schauen Sie Ihr Gegenüber direkt an. Atmen Sie ruhig und tief. Bauen Sie zusätzlich Ihren Schutzschild auf.

2. Gehen Sie nicht auf die dumme Bemerkung ein

Nutzen Sie die ABC-Hartnäckigkeitsschleife, um die unsachliche Bemerkung wirkungslos zu machen. Gehen Sie dabei nicht auf den Inhalt der Bemerkung ein. Verteidigen Sie sich nicht, greifen Sie Ihr Gegenüber auch nicht an. Es ist auch nicht nötig, mit dem ersten Satz (A) die Bemerkung nochmals zu wiederholen. Besser ist es, wenn Sie im ersten Satz der Schleife einfach nur neutral sagen: »Das ist deine Meinung« oder »Das sehen Sie so. Ich sehe das anders«. Das reicht vollkommen. Dann kommt sofort Ihr Willenssatz (B) plus eine Begründung (C).

3. Beantworten Sie keine blöden Fragen, sondern bleiben Sie bei Ihrem Willenssatz

Wenn Ihr Gegenüber seine Unsachlichkeit in eine Frage verpackt, müssen Sie darauf nicht antworten. Sie können einfach sagen: »Darüber werde ich nachdenken« und dann wiederholen Sie Ihren Willenssatz. Der ist weiterhin das Wichtigste für Sie. Durch Ihren Willenssatz lenken Sie das Gespräch immer wieder auf Ihren Wunsch zurück.

4. Bleiben Sie hartnäckig, bis Ihr Gegenüber sein Verhalten ändert

Mit Ihrer ruhigen Beharrlichkeit zeigen Sie dem anderen, dass seine unsachlichen Bemerkungen nichts bei Ihnen bewirken. Wahrscheinlich wird Ihr Gesprächspartner nach einiger Zeit sein Verhalten ändern. Wenn das passiert, können Sie aufhören, hartnäckig zu sein. Jetzt können Sie gemeinsam mit Ihrem Gegenüber eine Lösung suchen oder eine Vereinbarung treffen.

Die simple Hartnäckigkeit für Notfälle

Ich möchte Ihnen noch eine weitere Variante der Hartnäckigkeitsstrategie vorstellen. Diese Variante besteht einzig und allein aus Ihrem Willenssatz. Sie wiederholen immer nur das, was Sie wollen oder nicht wollen. Mehr nicht. Kein Verständnis mehr für andere und auch keine Begründungen. Nur noch ein Satz, den Sie andauernd wiederholen.

Sie brauchen diese simple Form der Hartnäckigkeit immer dann, wenn Sie in einem Gespräch mit dem Rücken zur Wand stehen. Das heißt, wenn Sie sich nicht anders wehren können. Zum Beispiel, wenn Ihr aufdringlicher Verehrer noch unbedingt mit in Ihre Wohnung kommen will. Oder wenn Ihr völlig betrunkener Kumpel unbedingt in sein Auto steigen will, um nach Haus zu fahren. Oder wenn Sie von jemandem unter Druck gesetzt werden, der Ihnen rhetorisch haushoch überlegen ist. In solchen Notfällen können Sie sich mit der Ein-Satz-Hartnäckigkeitsstrategie retten. Sie wiederholen nur noch Ihren Willenssatz – ohne schmückendes Beiwerk. Wie sich das im Alltag anhören kann, möchte ich Ihnen hier an einem Beispiel zeigen.

Wenn jemand versucht, Sie zu manipulieren, kontern Sie hartnäckig mit nur einem Satz.

Wenn das Selbstvertrauen fehlt

Falls Sie bisher gedacht haben, ich wäre das Selbstvertrauen in Person, werde ich Sie jetzt enttäuschen. Nein, mein Selbstvertrauen schwankt. Ich laufe nicht ständig in meiner königlichen Muthaltung herum. Manchmal fühle ich mich schwach und unsicher. Genauso ging es mir auch an dem Tag, an dem ich in der Innenstadt einkaufen war.

Bei diesem Einkaufsbummel ist mir leider mein Selbstvertrauen abhandengekommen. Wahrscheinlich habe ich es in einer Umkleidekabine im Kaufhaus verloren. Das passiert ganz schnell, wenn man dort eine zu enge Hose anprobiert und dabei in den Spiegel guckt. Bei so einem Anblick kann sich ein stabiles Selbstvertrauen innerhalb von Sekunden auflösen.

Mir ist mein fehlendes Selbstvertrauen zunächst nicht aufgefallen. Ich habe den Verlust erst bemerkt, als ich an der Bushaltestelle stand. Ich war mit drei Einkaufstüten und einer schweren Umhängetasche beladen, als mich ein Mann ansprach und mir einen Prospekt unter die Nase hielt. Offenbar wollte er mir irgendetwas verkaufen. Jetzt merkte ich, dass ich mich schwach, müde und hungrig fühlte. Ich war Lichtjahre von meiner königlichen Muthaltung entfernt und ließ den Mann einfach reden.

Achtung! Sie sind ein leichtes Opfer für Manipulationen, wenn Ihr Selbstvertrauen schwach ist.

Er wollte, dass ich Mitglied in einem Fitnessklub werde, der ganz in der Nähe aufgemacht hatte. Ich sah, dass der Mann nicht allein unterwegs war. Die Leute, die neben mir an der Bushaltestelle standen, wurden von anderen Fitnessklub-Vertretern angesprochen. Ich murmelte etwas von »Nö, das will ich nicht«, aber jetzt kam der Mann erst richtig in Fahrt. Er zeigte mir ein vollgedrucktes Blatt Papier und erklärte, ich brauchte nur hier auf dem Formular zu unterschreiben, dann könnte ich sofort an den modernsten Geräten trainieren.

Ich antwortete: »Nein danke. Ich habe mein Geld schon investiert.« Aber das hatte keine Wirkung. Jetzt sprach der Mann davon, wie günstig die Klubmitgliedschaft sei. Umgerechnet wäre ein Trainingstag nur so teuer wie eine kleine Pizza.

»Dann nehme ich lieber die Pizza«, sagte ich leise. Meiner Stimme fehlte eindeutig die notwendige Entschlossenheit. Und so redete der Mann weiter auf mich ein.

Nun kam noch eine Frau dazu, die auch zu den Fitness-Vertretern gehörte. Sie war bei den anderen Leuten an der Bushaltestelle schon abgeblitzt. Mittlerweile waren es zwei Leute, die auf mich einredeten. Wahrscheinlich war ich für die beiden das perfekte Opfer. Zu wenig Selbstvertrauen, um mich lauthals zu wehren und mit zu vielen Einkaufstaschen bepackt, um schnell zu flüchten. Der Mann wollte schon wieder wissen, wie ich heiße. Die beiden waren wirklich hartnäckig.

Nur ein Satz genügt

Hartnäckig – dieses Wort brachte mich auf die rettende Idee. Erst jetzt fiel mir ein, was ich in meinen Selbstbehauptungstrainings immer wieder unterrichte: Wenn nichts mehr geht, greif zur einfachsten Form der Hartnäckigkeitsschleife, zu der berühmten Ein-Satz-Variante. Nun wusste ich, wie ich aus der Sache problemlos rauskam. Und jetzt begann mein Krafttraining:

»Nein danke. Ich trete nicht in diesen Fitnessklub ein.« Das war mein Willenssatz und etwas anderes würden die beiden nicht mehr von mir zu hören bekommen.

> **Manchmal ist es wichtig, das Nein ständig zu wiederholen, bis es endlich beim anderen ankommt.**

Nun war die Frau dran. Sie erzählte etwas von einem Training für jedes Alter und jeden Gesundheitszustand, mit Pulskontrolle und gezielter Fettverbrennung. Ganz langsam wurden meine Muskeln warm. Ich fühlte mich elastisch und mein Kreislauf kam in Schwung. Ja, da war er wieder mein einziger Willenssatz: »Nein, ich trete nicht in den Fitnessklub ein.« Ich wusste, mit meinem Willenssatz würde ich länger durchhalten als die beiden. Endlich kam mein Selbstvertrauen zurück.

Die Frau: »Sie können jederzeit wieder austreten. Ich biete Ihnen hier ein Probetraining an.«

Ich: »Nein, ich trete nicht in diesen Fitnessklub ein.«

> **Zeigen Sie Ihrem Gegenüber, dass Sie notfalls monatelang beharrlich bleiben können, ohne sich dabei aufzureiben.**

Ich wiederholte meinen Willenssatz noch einmal und dann war's plötzlich vorbei. Die Frau schüttelte den Kopf und sagte zu dem Mann: »Manche Leute wissen einfach nicht, was gut für sie ist.« Ich hatte meine Zunge schon im Anschlag, um meinen Willenssatz noch einmal abzuspulen, aber die beiden drehten sich um und gingen weg. Schade, ich hätte gern noch weiter trainiert.

Erst später fiel mir ein, dass mein Willenssatz noch etwas zu lang war. Zwei Worte hätten genügt: »Kein Interesse«. Na ja, so ist es eben. Die guten Formulierungen fallen einem immer erst hinterher ein.

Was Sie von einer Telefonansage lernen können

Sicherlich haben Sie schon einmal eine Firma oder eine Service-Hotline angerufen und dann minutenlang in der Leitung geschmort. Eine automatische Ansage erklärte Ihnen, dass im Moment alle Leitungen besetzt sind, dass aber der nächste freie Mitarbeiter Ihren Anruf gern entgegennehmen wird. In der Zwischenzeit hörten Sie Musik. Dann wiederholte sich die Ansage. Und wieder Musik. Und so weiter. Wie lange haben Sie gewartet, bis Sie den Hörer aufgelegt haben?

Eine automatische Telefonansage ist von Natur aus starrköpfig, aber meistens auch freundlich. Sie können sie anbrüllen, ihr drohen oder ihr eine geschickte Frage stellen, sie wird Ihnen immer das Gleiche antworten. Daher auch der weise Sinnspruch: Mit einer Telefonansage diskutiert man nicht. Nun, was eine Telefonansage kann, das können Sie auch.

Immer, wenn Sie bedrängt oder unter Druck gesetzt werden, denken Sie daran, dass es einen einfachen Weg gibt, um sich daraus zu befreien – ohne Geschrei und ohne Gegenangriff. Antworten Sie mit einem Satz, der ausdrückt, was Sie wollen oder nicht wollen. Wiederholen Sie diesen Satz so lange, bis Ihr Gegenüber aufgibt. Das können Sie auch dann tun, wenn Ihnen überhaupt nichts Kluges mehr einfällt und Sie mit Ihrem Latein am Ende sind.

Zweifellos ist die Ein-Satz-Variante der Hartnäckigkeitsstrategie ziemlich monoton. Sie diskutieren nicht, Sie argumentieren nicht, Sie wiederholen nur Ihren Willenssatz. Aber weil das so monoton ist, merkt Ihr Gesprächspartner ziemlich schnell, dass er bei Ihnen keine Chancen hat. Genau das macht diese Strategie so wirksam.

Hier noch ein wichtiger Tipp: Setzen Sie diese Strategie sehr weise ein. Sie ist nur für Notfälle gedacht. Im Grunde ist die Ein-Satz-Variante auch keine echte Kommunikation mehr. Es ist reines Sichdurchsetzen, ohne auf den anderen einzugehen. Wie gesagt, in Notfällen ist das manchmal das Einzige, was noch wirkt.

> **Benutzen Sie die Ein-Satz-Variante**
> **der Hartnäckigkeit in Notfällen,**
> **wenn Sie nicht mehr weiterwissen.**

Wenn Sie diese Ein-Satz-Variante benutzen wollen, brauchen Sie einen sehr einfachen Satz, der präzise Ihren Willen ausdrückt. Wichtig ist, dass dieser Satz knapp und verständlich ist. Keine lange Ansprache, sondern nur ein nacktes »Ich möchte bitte ...« oder »Nein, das will ich nicht« oder »Kein Interesse«. Das ist Ihr Willenssatz.

Diesen Willenssatz wiederholen Sie immer wieder. Und mehr als diesen einen Satz sagen Sie auch nicht. Das machen Sie so lange, bis Ihr Gegenüber merkt, dass alle seine Argumente, alle seine Manipulationsversuche wirkungslos an Ihnen abprallen.

> **Sie müssen sich nicht aufregen,**
> **wenn Sie hartnäckig werden.**

Dabei ist eines wichtig: Regen Sie sich nicht auf und werden Sie auf keinen Fall lauter. Im Gegenteil: Versuchen Sie immer gelassener zu werden. Jedes Mal, wenn Sie Ihren Willenssatz aussprechen, entspannen Sie sich noch ein wenig mehr. Zeigen Sie dem anderen, dass Sie diesen Satz gut und gern drei Monate lang wiederholen könnten. Dabei klingen Sie wie eine freundliche Telefonansage. Hier kommt die Ein-Satz-Variante in der Übersicht.

Selbstbehauptungsstrategie: Hartnäckigkeit mit nur einem Satz

1. Erst nachdenken, dann in die Muthaltung gehen und ...
Wenn Sie von jemandem manipuliert, bedrängt oder unter Druck gesetzt werden, nehmen Sie sich zuerst eine kurze Bedenkzeit. Halten Sie kurz inne und stellen Sie fest, was Sie wollen oder nicht wollen. Gehen Sie dabei in Ihre Muthaltung und bauen Sie Ihren Schutzschild auf.

2. ... jetzt kommt Ihr Wille in einem Satz und ...
Drücken Sie Ihren Willen in einem Satz aus. Ihr Satz sagt nur, was Sie wollen oder nicht wollen. Mehr nicht. Greifen Sie Ihr Gegenüber nicht an und kritisieren Sie den anderen nicht. Ihr Willenssatz funktioniert am besten, wenn er kurz und knapp ist.

3. ... Sie wiederholen Ihren Willenssatz wieder und wieder und wieder ...
Solange Ihr Gegenüber beharrlich auf Sie einredet, bleiben Sie bei Ihrem Willenssatz. Mehr sagen Sie nicht. Sprechen Sie dabei in einem ruhigen Tonfall. Wenn Sie wollen, können Sie dabei sogar freundlich sein.

4. ... bis Ihr Gegenüber aufgibt.
Ändern Sie Ihre Strategie erst dann, wenn Ihr Gegenüber seine Hart-
näckigkeit aufgibt. Egal, wie die Sache ausgeht, bleiben Sie in jedem
Fall höflich und gelassen.

Wenn der rote Faden verloren geht

Lassen Sie uns jetzt von den – hoffentlich seltenen – Notfällen
zurück zum Alltag kommen. Dort kann Ihnen in Gesprächen
oder Verhandlungen etwas passieren, was viele Menschen
sehr irritiert: Der Gesprächspartner schweift ständig vom
Thema ab. Er (oder sie) redet über alles Mögliche, nur nicht
über das, was eigentlich besprochen werden sollte.

Nehmen wir beispielsweise einmal an, Sie wollen in der
Kaffeepause mit Ihrem Kollegen darüber reden, wie man
das gemeinsame Büro gründlich ausmisten kann, um den
überflüssigen Papierballast loszuwerden. Ihr Kollege will
mitmachen, und jetzt fehlt eigentlich nur noch eine konkrete
Absprache darüber, wie man das Ganze organisiert.

Während Sie Nägel mit Köpfen machen wollen und einen
Plan aufstellen, fällt dem Kollegen seine Garage zu Hause ein,
die er schon seit Jahren aufräumen wollte. Er fängt an, darüber zu reden, dass in seiner Garage vor allem die Gerätschaf-
ten seiner Kinder stehen: Fahrräder, Schlitten und die Skiausrüstung. Und während er darüber plaudert, fällt ihm ein, dass
er die Skiausrüstung seiner Kinder im Grunde verkaufen
könnte, weil sein Nachwuchs da schon lange rausgewachsen
ist. Kann man so eine gebrauchte Skiausrüstung eigentlich im
Internet versteigern? Jetzt fragt er Sie, ob Sie Erfahrungen
mit solchen Internetversteigerungen haben.

**Lassen Sie sich durch Abschweifungen
nicht von Ihrem Thema abbringen.**

Internetversteigerungen sind ein tolles Thema, aber war das
Ihr ursprüngliches Anliegen? Was wollten Sie? Wenn Sie sich
jetzt auf das Thema Internetversteigerungen einlassen, sind
Sie dem Kollegen in sein geistiges Labyrinth gefolgt. Seine
Überlegungen sind nicht verkehrt, sie haben bloß nichts mit
dem Thema zu tun, das Sie besprechen wollten. Sie wollten
doch eigentlich gemeinsam verabreden, wie man das Büro
gründlich entrümpeln kann.

**Sie haben das Recht, auf die
Abschweifungen Ihres Gesprächspartners nicht einzugehen.**

Nehmen wir einmal an, Sie sind ein netter Mensch und gehen
auf das ein, was der Kollege sagt. Sie sprechen also darüber,
was Sie über Internetversteigerungen wissen und welche Erfahrungen Sie damit gemacht haben. Wenn Sie Pech haben,
löst das beim Kollegen noch eine ganz andere Gedankenkette
aus. Jetzt redet er darüber, dass man viel Geld im Internet machen könnte, wenn man die Sache professionell aufzieht. Und
dass er jemanden kennt, der das mit Schmuck und Uhren gemacht hat. Und der Typ hat doch glatt ... Nun sind Sie weit,
weit weg von Ihrem ursprünglichen Anliegen. Ausgerechnet
jetzt muss der Kollege leider wieder an die Arbeit, weil er
noch einen wichtigen Termin hat. Vom Thema abgekommen
und den Rückweg verpasst.

So übernehmen Sie das Ruder

Nun mag das Vom-Thema-Abkommen nicht weiter schlimm sein, wenn es nur um das Entrümpeln des Büros geht. Brisanter wird es, wenn Sie ein Anliegen haben, das für Sie persönlich wirklich wichtig ist. Beispielsweise wenn Sie Ihrem Chef einen Vorschlag machen wollen, der Ihre Arbeitssituation entscheidend verbessert. Nehmen wir mal an, Sie möchten an einem Tag der Woche von zu Hause aus arbeiten. Sie gehen also deswegen zu Ihrem Vorgesetzten, und zwar gut vorbereitet, in Ihrer besten Muthaltung. Aber leider verlassen Sie das Gespräch mit nichts weiter als mit der Adresse von einem schnuckeligen Weingut in Südfrankreich.

Behalten Sie den roten Faden in der Hand und steuern Sie das Gespräch.

Vielleicht bin ich etwas zu misstrauisch, aber ich sehe in diesem ausschweifenden Vom-Thema-Abkommen auch eine Art, Nein zu sagen, ohne wirklich Nein zu sagen. Ständig über etwas anderes lamentieren kann eine klammheimliche Sabotage sein, mit der Sie von Ihrem Anliegen abgelenkt werden. Was kann man dagegen tun? Kommen Sie immer wieder zu Ihrem Thema zurück und zwar hartnäckig und zugleich höflich.

Stellen Sie sich ein solches Gespräch wie eine gemeinsame Bootsfahrt vor. Sie haben ein Thema oder ein Anliegen, das Sie besprechen wollen. Das ist wie eine breite Fahrrinne, in der Sie sich zusammen mit Ihrem Gegenüber voranbewegen. Nun kann passieren, dass Ihr Gegenüber während der Fahrt abdriftet, das heißt vom Thema abkommt, und die Fahrrinne verlässt. Ihr Gegenüber kann im Gespräch beispielsweise abstrakt werden und über wirtschaftliche Globalisierung philosophieren. Oder er kann Sie auf etwas Persönliches ansprechen wie Ihre Frisur oder die Jacke, die Sie tragen.

Vielleicht klingelt auch andauernd das Telefon und das
Gespräch wird immer wieder unterbrochen. Oder Ihr Gegenüber neigt dazu, zwischendurch ein paar unsachliche Bemerkungen einzustreuen.

**Egal, was Sie in einem Gespräch
irritiert oder ablenkt. Kommen Sie
immer wieder beharrlich auf Ihr
Thema zurück.**

Wenn Sie jetzt auf dieses Abdriften Ihres Gesprächspartners
eingehen und darüber weiterdiskutieren, sind Sie auch vom
Kurs abgekommen. Immer, wenn Sie etwas zu dem neuen,
anderen Thema sagen, bestätigen Sie den Kurswechsel Ihres
Gegenübers. Das ermuntert den anderen möglicherweise,
noch weiter abzuschweifen.

Damit Sie das Gespräch steuern können, ist es wichtig, der
Verlockung zu widerstehen und sich nicht von Ihrem Gegenüber in ein nebensächliches Thema verwickeln zu lassen.
Wenn Sie aber doch auf eine Abschweifung oder eine Rand-
bemerkung Ihres Gegenübers eingehen wollen, dann nur
kurz. Und dabei behalten Sie immer Ihr Thema im Auge.

**Mit einem höflichen Überleitungssatz
bringen Sie das Gespräch wieder
auf den richtigen Kurs.**

Sie beenden solche Abweichungen, indem Sie kurz das Ruder
übernehmen und zurück in die Fahrrinne steuern, also zurück zu Ihrem Thema kommen. Dafür ist es nicht notwen-
dig, dass Sie Ihren Gesprächspartner kritisieren oder ihm
Vorwürfe machen. Sie können das Gespräch mit einem höflichen Überleitungssatz wieder auf den richtigen Kurs bringen. In der nachfolgenden Strategie finden Sie die passenden
Überleitungssätze.

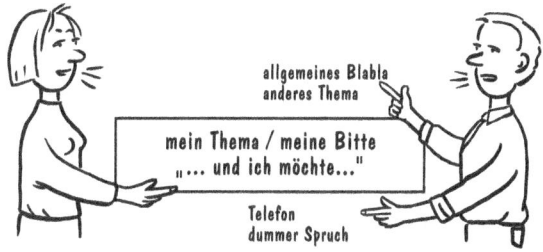

Steuern Sie das Gespräch und lenken Sie es zurück zum Thema

Selbstbehauptungsstrategie: Gespräche steuern mit der höflichen Hartnäckigkeit

1. Das Thema und den Zeitrahmen festlegen

Sagen Sie zu Beginn des Gespräches ganz deutlich, über welches Thema Sie sprechen möchten oder welche Punkte anstehen. Häufig hilft es, wenn Sie gemeinsam mit Ihrem Gesprächspartner eine genaue Zeitbegrenzung vereinbaren, also festlegen, wie lange das Gespräch dauern soll. Zwischendurch können Sie darauf hinweisen, wie viel Zeit noch bleibt: »Wir haben noch 30 Minuten Zeit, und es gibt noch zwei Punkte, über die ich gern sprechen möchte.« Das allein kann das Gespräch schon straffen.

2. Mit Fingerspitzengefühl die Situation einschätzen

Wenn Ihr Gegenüber vom Thema abweicht und anfängt, irgendwelche Anekdoten zu erzählen, dann schätzen Sie ein, wie lange das ungefähr dauern wird. Gegen wenige, kurze Abschweifungen (zum Beispiel ein Kommentar zum Wetter) ist nichts zu sagen. Aber wenn es so aussieht, als würde der andere seine Lebensgeschichte vor Ihnen ausbreiten, übernehmen Sie besser rechtzeitig das Ruder. Hier ist eine Faustregel: Wenn die Zeit knapp und Ihr Anliegen sehr wichtig ist, lohnt es sich, streng zu sein. Bringen Sie das Gespräch schnell zurück auf Ihr Thema. Wenn genügend Zeit zur Verfügung steht und es im Grunde nur um eine Kleinigkeit geht, können Sie großzügiger sein und ein paar Abschweifungen durchgehen lassen. Kommen Sie aber auch in einem solchen Fall immer wieder auf Ihr Thema zurück.

3. Höflich zurück zum Thema lenken

Nutzen Sie das nächste Luftholen Ihres Gesprächspartners und sagen Sie höflich einen Überleitungssatz, der zurück zum Thema führt. Benutzen Sie dabei die Wir-Form, das klingt weniger tadelnd.

Hier kommen ein paar Beispiele, wie Sie so einen Überleitungssatz formulieren können:

- »Entschuldigung, aber wir sind jetzt ein wenig vom Thema abgekommen. Ich würde gern noch mal auf die Frage zurückkommen ... (und jetzt sagen Sie etwas zum Thema).«

- »Interessant, aber könnten wir ein anderes Mal darüber reden? Im Moment haben wir da noch einen wichtigen Punkt, den wir klären müssen. Und zwar ... (jetzt sprechen Sie weiter über diesen Punkt).«

- »Verzeihung, dass ich Sie unterbreche. Mir fällt gerade ein, dass wir noch über ... sprechen wollten.«

- »Dazu fällt mir etwas ganz anderes ein. Wir waren vorhin bei der Frage/bei dem Punkt ... Vielleicht könnten wir darüber noch einmal reden.«

4. Bleiben Sie hartnäckig

Wenn Sie es häufiger mit richtigen Quasselstrippen und Abschweifern zu tun haben, können Sie prima trainieren. Stellen Sie sich innerlich darauf ein, dass Sie sehr häufig während eines Gespräches das Ruder in die Hand nehmen werden. Bleiben Sie dabei gelassen und entspannt. Immer wenn der andere vom Kurs abkommt, bringen

Sie ihn mit einem Überleitungssatz zurück zum Thema. Immer wieder. Denken Sie daran: Ausdauer gewinnt.

5. Was Sie loben, vermehrt sich

Geben Sie Ihrem Gesprächspartner eine positive Rückmeldung, wenn das Gespräch straffer und konzentrierter abgelaufen ist. Lassen Sie den anderen merken, dass Sie darüber erfreut sind. Etwa so: »Toll, wir haben das tatsächlich alles in einer halben Stunde besprochen.« Oder: »Diese Besprechung hat mir sehr gefallen. Die war konzentriert und effizient. Prima.« Damit verstärken Sie die positive Veränderung und zeigen deutlich, was Sie sich für die Zukunft wünschen.

Mit dieser Strategie können Sie ein Gespräch höflich lenken, selbst dann, wenn Sie offiziell überhaupt nicht die Gesprächsleitung übernommen haben. Sogar einen ausschweifenden Vorgesetzten können Sie mit dieser sanften Hartnäckigkeit immer wieder zum Thema zurückbringen.

Selbstverständlich können Sie Ihr Gegenüber nicht *zwingen*, über das zu reden, was Sie wollen. Sie können einem anderen Menschen nicht Ihr Thema verordnen. Umgekehrt gilt das natürlich auch. Sie müssen sich nicht auf ein Gesprächsthema einlassen, nur weil Ihr Gesprächspartner davon angefangen hat. Besonders bei Themen, die Ihnen unangenehm sind, können Sie einfach schweigen. Oder wenn Sie wollen auch von etwas ganz anderem reden.

Wie Sie ein unangenehmes Gesprächsthema leicht wechseln können

Es gibt auch Gespräche, bei denen ein ständiger Themenwechsel vollkommen normal ist. Diese Gespräche nennt man Smalltalk. Das ist der Plausch mit Freunden oder Kollegen, das Gemunkel auf der Party, der Schwatz mit dem Nachbarn. Harmlose Plaudereien, bei denen es um nichts weiter geht als um die freundliche Kontaktpflege.

Beim Smalltalk bleibt das Gespräch lebendig, eben weil das Thema hin und wieder gewechselt wird. Dabei gibt es keinen Gesprächsfaden, den irgendjemand in der Hand behalten müsste. Manchmal ist es allerdings nötig, dass Sie so eine Plauderei ein wenig lenken – wenn auch nur aus reinem Selbstschutz. Beispielsweise wenn Onkel Franz beim gemeinsamen Familienessen mal wieder seine Krankheitsgeschichten ausbreitet. Seit zwei Monaten hat er diesen bösen Hautausschlag an beiden Oberschenkeln. Und während sich alle über das leckere Essen freuen, berichtet er darüber, dass sein Hautausschlag genauso aussieht wie die Kruste des Bratens, der gerade auf dem Tisch steht. Falls dieser böse Ausschlag wieder vereitern sollte, wird er aussehen wie ...

Wenn Ihnen ein Smalltalk zu unangenehm wird, wechseln Sie das Thema.

Halt! An dieser Stelle lohnt es sich, blitzschnell einzugreifen und das Thema zu wechseln. Das geht am leichtesten, wenn Sie Onkel Franz ins Wort fallen (ja, das ist ein Notfall und da sind solche Unterbrechungen erlaubt) und ihn auf etwas anderes ansprechen. Möglichst ein Thema, das ihn genauso motiviert wie seine Krankheiten. Vielleicht seine Schulzeit, seine Lieblingsmusik oder die aktuelle Regierungspolitik. Okay, das kann auch ekelig werden. Aber jetzt besteht zumindest die Chance, dass Sie später den Vanillepudding essen können, ohne dabei an Eiterbläschen denken zu müssen.

Die höfliche Hartnäckigkeit gehört zu den wirksamsten Selbstbehauptungsstrategien überhaupt. Sie ist wie ein scharfes Messer. Und wie mit jedem scharfen Messer können Sie damit herrliche Sachen herstellen oder tiefe Schnittwunden verursachen. Deshalb überlegen Sie vorher genau, wie weit Sie mit Ihrer Hartnäckigkeit gehen wollen. Und es ist auch sehr weise, nicht immer mit dem Kopf gegen die immer gleiche Wand anzurennen. Manchmal gehört zur Hartnäckigkeit auch, am eigenen Wunsch festzuhalten und – woanders – nach einer offenen Tür zu suchen.

**Zur Hartnäckigkeit gehört auch
die Fähigkeit, rechtzeitig loszulassen
und woanders zu suchen.**

Ich möchte Ihnen jetzt die fünfte und letzte Selbstbehauptungsstrategie vorstellen. Diese ist wie ein Dünger, auf dem die vorangegangenen vier Strategien wachsen und gedeihen können. Denn bei dieser letzten Strategie geht es um Ihr Selbstvertrauen.

Ihr Selbstvertrauen kann Ihnen niemand von außen geben. Es entsteht in Ihrem Inneren, durch die Art und Weise, wie Sie sich selbst behandeln. Und um es gleich vorweg zu sagen: Sie haben nur die beste Behandlung verdient.

Die fünfte
Selbstbehauptungsstrategie:
Das beherzte
Selbstvertrauen

Die vorangegangenen vier Selbstbehauptungsstrategien beschäftigten sich damit, wie Sie anderen Menschen gegenüber
selbstsicher auftreten können. Es sind Strategien, mit denen
Sie nach außen gehen. Mit dieser fünften Strategie wenden
Sie sich nach innen. Hier geht es darum, wie Sie mit sich selbst
umgehen, welche Meinung Sie von sich haben und wie Sie
sich behandeln.

Die fünfte Selbstbehauptungsstrategie hilft Ihnen, Ihr
Selbstvertrauen aufzubauen. Ein Selbstvertrauen, das unabhängig davon ist, ob Sie etwas richtig oder falsch machen, ob
Sie sich durchsetzen oder nicht. Und das auch unabhängig davon ist, ob andere Menschen Sie anerkennen oder nicht.

Der Nutzen dieser fünften Strategie für Sie ist enorm. Sie
schließen die wichtigste Person Ihres Lebens in Ihr Herz. Das
ist der Mensch, der Sie bis zu Ihrer Todesstunde nicht verlassen wird. Und dieser Mensch sind Sie.

Mit der Strategie des starken Selbstvertrauens ...
... stoppen Sie die Selbstzweifel,
... verbessern Sie Ihre Stimmung,
... setzen Sie sich weniger unter Druck,

... können Sie sich besser gegen angriffslustige Leute wehren,
... entwickeln Sie einen liebevollen Umgang mit sich selbst.

Mangelndes Selbstvertrauen entsteht im Kopf

Sie müssen Ihr Selbstvertrauen nicht künstlich erzeugen oder durch langes Training erst aufbauen. Selbstvertrauen ist der Kern Ihrer Persönlichkeit. Es ist immer da. Allerdings kann es vorkommen, dass das natürliche Selbstvertrauen zugedeckt wird. Ich benutze dafür gern das Bild einer dunklen Decke, die sich über das Selbstvertrauen legt. Diese dunkle Decke ist die Selbstablehnung. Jedes Mal, wenn Sie sich selbst kritisieren oder sich selbst beschimpfen, verdecken Sie Ihr natürliches Selbstvertrauen. Dann fühlen Sie sich unsicher, gehemmt, niedergeschlagen oder hilflos.

Das Selbstvertrauen ist der Kern unserer Persönlichkeit.

Leider haben sich die meisten Menschen so sehr an diese dunkle Decke der Selbstablehnung gewöhnt, dass sie ihnen kaum noch auffällt. Viele meinen, es wäre vollkommen normal, von sich selbst keine hohe Meinung zu haben.

Während Sie dieses Kapitel lesen, werden Sie die dunkle Decke der Selbstablehnung bei sich selbst erkennen. Sie werden merken, wodurch Sie sich selbst verunsichern. Wenn Sie das erkannt haben, können Sie diese dunkle Decke der Selbstablehnung wegziehen und Ihr natürliches Selbstvertrauen ans Licht bringen.

Jede Selbstablehnung entsteht in unserem Kopf, in unseren Gedanken. Und sie kann unterschiedlich stark sein. In der harmlosesten Form ist es eine leichte Unzufriedenheit mit sich selbst. Man hat etwas getan oder gesagt und denkt im Nachhinein »O Schreck, was hab ich da nur für einen Mist verzapft« oder »Warum hab ich das nur gesagt? Ich hätte besser meinen Mund halten sollen.«

**Ihr Selbstvertrauen hängt davon ab,
wie Sie sich beurteilen.**

Jedes Mal, wenn wir an uns herumnörgeln, werden unsere Gefühle ein klein wenig frostiger. Unsere Stimmung sinkt. Passiert das häufiger am Tag, bekommen wir schlechte Laune. Je liebloser wir über uns selbst denken, desto schlechter fühlen wir uns. Es ist erschreckend einfach. Unsere Stimmung entsteht aus unseren Gedanken. Leider übersehen wir den Zusammenhang sehr oft. Aber mit unserer Laune sinkt noch etwas anderes. Und das ist unser Selbstvertrauen. Jeder Gedanke, mit dem wir uns selbst innerlich kritisieren oder verurteilen, jeder dieser Gedanken verunsichert uns. Meistens ist es nicht nur ein einziger Gedanke, mit dem wir an uns herumnörgeln. Nein, oft ist es ein ganzer Strom von Gedanken, der unser Selbstvertrauen untergräbt.

Der innere Kritiker und was er alles anrichtet

Dieser selbstablehnende Gedankenstrom hat einen Namen. Und bei mir hat er auch ein Gesicht. Es ist der innere Kritiker. Dieser Begriff hat sich in weiten Teilen der Psychologie durchgesetzt.

Der innere Kritiker ist ein Gedankenstrom, der wie eine innere Stimme zu uns spricht. Vielleicht überlegen Sie jetzt, ob Sie auch so einen inneren Kritiker haben oder nicht. Um das herauszufinden, brauchen Sie nur auf Ihre ganz alltäglichen Gedanken zu achten. Was geht Ihnen durch den Kopf, wenn Sie einen Fehler gemacht haben? Wenn Sie etwas vergessen haben oder wenn Ihnen etwas kaputtgegangen ist? Schimpfen Sie manchmal mit sich selbst? Wenn ja, dann spricht da Ihr innerer Kritiker.

Der innere Kritiker besteht aus
Gedanken, mit denen wir uns selbst
kritisieren.

Es gibt eine einfache Methode, um den inneren Kritiker hervorzulocken. Oft reicht ein Blick in den Spiegel, vorzugsweise morgens, gleich nach dem Aufstehen. Was geht Ihnen durch den Kopf, wenn Ihr Gesicht im fahlen Licht des Badezimmerspiegels auftaucht? Etwa Gedanken wie dieser: »Nein, wie seh ich denn aus? So kann ich doch unmöglich unter die Leute gehen.« Das durchschnittliche Kritikergeplapper ist für uns so normal, dass es uns häufig gar nicht auffällt. Aber trotzdem ist es wirksam. Noch einmal: Jedes Herumnörgeln an uns selbst sabotiert unser Selbstvertrauen.

Sind Sie zufrieden mit Ihrem Aus-
sehen? Wenn nicht, dann nörgelt Ihr
innerer Kritiker an Ihnen herum.

Übrigens ist der innere Kritiker in der Lage, mit uns in der Ich-Form und in der Du-Form zu sprechen. Wenn Sie etwas falsch gemacht haben, kann Ihr innerer Kritiker Ihnen einen Ich-Gedanken schicken wie: »Ich bin aber auch zu blöd.« Oder er benutzt die Du-Form: »Du bist aber auch zu blöd!« Mein innerer Kritiker liebt es, meinen Vornamen zu benutzen. Das gibt ihm eine gewisse Autorität. Das klingt dann so: »Barbara! Was hast du da wieder für einen Mist gebaut!«

Falls Sie nicht ganz sicher sind, ob es Ihr Kritiker ist, der Ihnen da gerade durch den Kopf geht, achten Sie einfach nur

auf Ihre Gefühle. Wenn Ihr Kritiker seine Kommentare loslässt, zieht Sie das runter. Sie fühlen sich angespannt, geknickt
oder unsicher. An Ihrem inneren Zustand können Sie seine
Machenschaften sicher erkennen.

Der innere Kritiker
untergräbt unser
Selbstvertrauen

Um den inneren Kritiker etwas besser kennen zu lernen, ist
die nachfolgende Jobbeschreibung hilfreich. Mit ihrer Hilfe
erkennen wir rasch, was der innere Kritiker alles anrichtet.

Der innere Kritiker …

… beschimpft uns, oft auch mit beleidigenden Worten (»Was
bin ich für ein Idiot!«),

… entmutigt uns und sabotiert unsere Pläne (»Das wird ja
doch nichts.« »Das schaffe ich niemals!«),

… vergleicht uns mit anderen Leuten und lässt uns dabei
schlechter abschneiden (»Die sieht viel besser aus als ich,
verdient auch mehr als ich, ist beliebter als ich und hat auch
noch das größere Haus.«),

… reibt uns unsere alten Fehler und Misserfolge unter die
Nase. Er erinnert sich an *alle* peinlichen Situationen und
führt sie uns gern vor Augen (»Wie war das peinlich, als ich
damals im Restaurant die Tischdecke vollgekleckert habe.
Und wie ich bei der Besprechung gestern herumgestottert
habe! Damit hab ich mich total blamiert.«),

... kontrolliert den Eindruck, den wir auf andere machen und gibt uns Befehle, wie wir uns zu benehmen haben (»Ich muss freundlicher sein.« »Ich muss mich zusammenreißen und darf nicht so viel reden.« »Ich darf nicht so dominant sein.«).

Glauben Sie nicht alles, was Ihnen durch den Kopf geht

Das generelle Motto des inneren Kritikers lautet: Mit dir stimmt was nicht. Und du musst etwas tun, um dich zu verbessern. Sein Thema ist immer wieder das Nichtgenügen und das Unzulänglichsein. Solange Sie Ihren inneren Kritiker nicht bewusst wahrnehmen, so lange besteht die Gefahr, dass Sie seine Botschaften tatsächlich glauben und deshalb mit einem schwachen Selbstvertrauen herumlaufen.

Lernen Sie, Ihren inneren Kritiker bewusst wahrzunehmen.

Ohne einen Hinweis oder Hilfe von außen kann es schwer werden, den inneren Kritiker zu entdecken. Denn er hat die Gabe, so zu klingen, als wären seine Kommentare die reine Wahrheit und nichts als die Wahrheit. Der innere Kritiker sagt eben *nicht*: »Hier spricht dein Kritiker. Ich möchte an dir herumnörgeln.« Würde er das tun, könnten wir sofort abwinken und uns schöneren Dingen widmen. Nein, der innere Kritiker tut so, als wäre er die Stimme Gottes, die mit höchster Autorität die absolute Wahrheit verkündet:

- »Du bist zu dick. Und du wirst immer fetter.«
- »Du wirst nie Erfolg haben. Dafür bist du nicht schlau genug.«

Oder in der Ichform:

- »Ich bin viel zu undiszipliniert. Ich kriege nichts auf die Reihe.«
- »Ich muss mich mehr zusammenreißen.«
- »Was hab ich nur für blöde Haare.«

Das durchschnittliche Kritikergeplapper klingt unumstößlich und überzeugend. Und deshalb haben Sie womöglich nie an diesen Gedanken gezweifelt. Sie dachten, Sie wären wirklich so, wie es Ihnen Ihr innerer Kritiker erzählt hat. Aber das stimmt nicht. Von Ihrem inneren Kritiker erfahren Sie nicht die Wahrheit über sich. Er kann nur nörgeln, tadeln und verachten.

> **Ihr innerer Kritiker sagt Ihnen nicht die Wahrheit. Er kann nur nörgeln, tadeln und verachten.**

Für Ihr Seelenheil und Ihr Selbstvertrauen ist es enorm wichtig, dass Sie Ihren inneren Kritiker erkennen. Alles, was ich in diesem Kapitel geschrieben habe, dient nur diesem Zweck: damit Sie merken, durch welche Gedanken Sie sich verunsichern. Denn Ihr innerer Kritiker kann sein Unheil nur so lange bei Ihnen anrichten, solange Sie nicht bewusst wahrnehmen, was sich da in Ihrem Kopf abspielt. In dem Moment, in dem Sie sein Geplapper klar erkennen und ihm nicht mehr glauben, bricht seine Vorherrschaft zusammen. Und genauso stärken Sie Ihr Selbstvertrauen. Einfach, indem Sie den inneren Kritiker erkennen und ihm seine Kommentare nicht mehr abkaufen.

Woher die Selbstzweifel kommen

Wenn ich in den Selbstbehauptungstrainings über den inneren Kritiker rede, geht vielen Teilnehmern plötzlich ein Licht auf. Sie erkennen, woher ihre Selbstzweifel und ihre Unsicherheit kommen.

Ich erinnere mich noch gut an Friederike. Während ich erklärte, was unser innerer Kritiker so alles treibt, saß sie ganz still da und hörte gebannt zu. Plötzlich lächelte sie. Nach kurzer Zeit fing sie an, lauthals zu lachen. Alle Teilnehmer schauten sie neugierig an. Was war los mit ihr? Ich fragte Friederike, ob sie uns sagen möchte, warum sie lacht. Sie nickte, während sie noch nach Luft rang.

Der innere Kritiker arbeitet oft unbemerkt. Wenn Sie ihn bei sich entdecken, können Sie sich von ihm lösen.

Friederike erzählte uns, dass sie sich schon lange für Psychologie interessierte. Auf dem Gebiet hatte sie schon eine Menge Kurse und Workshops besucht. Aber in diesem Selbstbehauptungstraining hörte sie zum ersten Mal etwas über den inneren Kritiker. Und sie hatte entdeckt, dass ihr innerer Kritiker sie die ganze Zeit in einer Zwickmühle gefangen hielt.

»Ich hatte in vielen anderen Workshops gelernt, offen und authentisch zu sein«, erklärte Friederike. »Ich wollte mich nicht mehr verstellen, sondern den anderen Leuten mein wahres Ich zeigen. Aber ich wollte auch nicht so dominant sein und mich nicht in den Vordergrund spielen. Immer wenn ich ehrlich war und den Leuten sagte, was ich fühlte, hatte ich anschließend ein mulmiges Gefühl. Ich dachte, ich wäre viel zu dominant gewesen und hätte mich selbst zu sehr in den Mittelpunkt gestellt. Wenn ich aber zurückhaltend war und meine Gefühle für mich behielt, fühlte ich mich auch schlecht, weil ich ja nicht authentisch und ehrlich war. Was immer ich auch machte, ich fühlte mich irgendwie unsicher. Jetzt habe ich gemerkt, dass es nur mein innerer Kritiker war, der mich jedes Mal attackiert hat.«

Friederike redete aufgeregt. Jeder merkte, dass sie etwas Wichtiges für sich entdeckt hatte. »Es ist wie eine Zwickmühle. Ich sollte einerseits authentisch sein und immer meine Gefühle ehrlich ausdrücken. Aber andererseits durfte ich nicht dominant sein und mich nicht in den Vordergrund stellen. Ich wusste nie genau, wie ich mich benehmen sollte. Deshalb bin ich auch von einem Psycho-Kurs zum nächsten gepilgert, um endlich selbstsicherer zu werden. Aber im Grunde habe ich nie richtig kapiert, weshalb ich so unsicher war. Das ist mir erst jetzt richtig klar geworden. Es war nur mein innerer Kritiker, der immer verlangt hat, ich müsste anders sein. Für ihn war ich nie gut genug. Nun kapiere ich erst, was das für ein Unsinn ist!« Friederike atmete tief durch und sagte dann: »Es ist, als würde mir eine tonnenschwere Last von den Schultern fallen.« Sie strahlte über das ganze Gesicht.

> **Das generelle Motto des inneren Kritikers lautet:**
> **»Mit dir stimmt was nicht.**
> **Du musst dich verbessern.«**

In der Zwickmühle gefangen oder was Sie auch tun, es ist verkehrt

Jeder innere Kritiker hat mindestens eine, wenn nicht sogar mehrere solcher Zwickmühlen für uns aufgebaut. Das Prinzip der Zwickmühle lautet: Was du auch machst, es ist verkehrt. Beispielsweise kann Ihr innerer Kritiker von Ihnen verlangen, dass Sie Ihre Zeit effizient nutzen, Ihre To-do-Listen abarbeiten und die anfallenden Arbeiten erledigen. Zusätzlich verlangt er aber auch, dass Sie sich um sich selbst kümmern. Sie sollen auch meditieren, Yoga machen oder Ähnliches. Wenn Sie jetzt den ersten Teil erfüllen und Ihre To-do-Listen abarbeiten, dann meckert Ihr Kritiker, weil Sie so wenig Zeit für sich haben. Setzen Sie sich aber hin und fangen an zu meditieren, dann macht Ihnen der innere Kritiker Schuldgefühle, weil Sie Ihre Zeit verschwenden, während es noch so viel zu tun gibt. Eine typische Kritikerzwickmühle, bei der Sie immer unzufrieden mit sich sind.

Wenn Sie häufig unzufrieden mit sich sind, stecken Sie in einer Kritiker-Zwickmühle.

Es gibt auch eine Zwickmühle zum Thema Selbstbehauptung. Nach Meinung des inneren Kritikers sollen wir uns durchsetzen. Aber wir sollen auch mit unserem Gegenüber gut auskommen und dabei immer sympathisch und nett sein. Wenn wir uns nun erfolgreich durchsetzen, kritisiert er uns dafür, dass wir uns mit unserer Selbstbehauptung nicht beliebt gemacht haben. Für unseren inneren Kritiker waren wir zu zickig, zu aggressiv oder zu dominant. Wenn wir jetzt aber pflegeleicht sind und niemandem Scherereien machen, kritisiert uns der innere Kritiker, weil wir uns nicht genügend durchgesetzt haben. Zwei bis drei dieser inneren Zwickmühlen reichen aus, um unser Selbstvertrauen unter null sinken zu lassen.

So erkennen Sie das Kritikergeplapper in Ihrem Kopf

Den inneren Kritiker und seine Machenschaften zu durch-schauen, das allein kann Ihr Selbstvertrauen enorm steigern. Denn jenseits dieser Nörgeleien und Attacken sind Sie in Ordnung. Sie sind okay, so wie Sie sind. Und auch die Tatsache, dass Sie einen inneren Kritiker haben, ist in Ordnung. Sie sind ihm nicht hilflos ausgeliefert. Wenn Sie ihn erst einmal bei sich erkannt haben, können Sie sich von ihm lösen. Die nächste Strategie hilft Ihnen dabei.

Selbstbehauptungsstrategie: Den inneren Kritiker bewusst wahrnehmen

1. Achten Sie bewusst auf das, was Ihnen durch den Kopf geht. Richten Sie Ihre Aufmerksamkeit so oft es geht auf Ihren Gedankenstrom. Nehmen Sie wahr, wann der innere Kritiker sich bei Ihnen meldet. Was sagt er? Worüber beschwert er sich? Was stört ihn? Wichtig sind alle Gedanken, mit denen Sie sich selbst negativ beurteilen, und alle Kommentare zu dem, was Sie getan haben oder wie Sie sind. Mit dieser bewussten Wahrnehmung der eigenen Gedanken holen Sie den inneren Kritiker aus seinem Versteck heraus.

2. Es lohnt sich, diese Übung auch schriftlich zu machen, besonders dann, wenn Ihr Selbstvertrauen gerade auf einem Tiefstand angekommen ist. Denn ein schwaches Selbstvertrauen entsteht durch eine oder mehrere Kritikerattacken. Schreiben Sie auf, was Ihr Kritiker von Ihnen hält. Führen Sie ein Kritikertagebuch und notieren Sie jeden seiner Kommentare. Das Aufschreiben hilft Ihnen, die Gedanken aus dem Kopf zu bekommen. Jetzt können Sie schwarz auf weiß lesen, wie hart, ungerecht und übertrieben das Kritiker-

geplapper ist. Und da Sie sich alles notiert haben, kreisen diese Gedanken nicht mehr in Ihrem Kopf herum. Durch das Aufschreiben wird Ihnen außerdem auch bewusst, zu welchen Zeiten sich Ihr innerer Kritiker zu Wort meldet und auf welchen Themen er immer wieder herumreitet.

3. Der nächste Schritt ist der allerwichtigste. Er besteht darin, dass Sie dem inneren Kritiker kein Wort mehr glauben. Das zu üben, dauert etwas länger – vielleicht Monate, Jahre, manchmal auch ein Leben lang.

Wenn der innere Kritiker über andere Menschen herfällt

Ihr Kritiker ist natürlich auch in der Lage, über andere Leute herzufallen und sie schlecht zu machen. Er schaut Sie kritisch an und das kann er ebenso gut auch mit anderen Menschen tun. Und was Ihr innerer Kritiker Ihnen verbietet, das erlaubt er anderen Menschen in der Regel auch nicht.

Ein strenger innerer Kritiker fällt gern auch über andere Menschen her.

Mir fällt dazu ein Erlebnis ein. Ich erinnere mich noch sehr gut an die Frau, die ich während einer großen Geburtstagsfeier kennen gelernt habe. Wir trafen uns am Büfett. Ich lud mir gerade meinen Teller voll, als ich sah, wie sie mit ihrem leeren Teller dastand und die Nase rümpfte.

Ich fragte sie: »Na? Nichts Leckeres dabei?«

»Doch, alles sehr lecker«, antwortete sie. »Aber ich darf das nicht essen.«

»Oh, wegen einer Allergie?«, fragte ich teilnahmsvoll.

»Nein, weil ich zu dick werde. Hier ist das Problem«, sagte sie und fasste mit einer Hand an ihren Oberschenkel. »Die sind einfach zu fett.«

Ehrlich gesagt wirkten ihre Oberschenkel in meinen Augen vollkommen normal. Die Sache war eindeutig: Aus ihrem Mund sprach ihr innerer Kritiker und der neigte offenbar zu Halluzinationen. Er fand ihre Oberschenkel viel zu »fett«. Nicht einfach dick, sondern fett. Manche Kritiker benutzen gern derbe, verächtliche Worte. Denn solche harten Worte verletzen noch mehr und ziehen einen noch tiefer runter.

**Der innere Kritiker ist nicht objektiv.
Er übertreibt und benutzt gern
verächtliche Worte.**

Noch bevor ich etwas dazu sagen konnte, stieß mich die Frau an und zeigte mit ihrem Ellbogen in Richtung einer anderen Frau, die am Ende des Raumes stand. »Die Frau dahinten«, flüsterte sie leise, »die hat noch viel fettere Oberschenkel als ich.« Und dann sagte sie ganz ernsthaft einen Satz, der mir zeigte, wie hart ihr innerer Kritiker war: »Wenn ich solche Oberschenkel hätte, wie die dahinten, würde ich mich glatt erschießen.«

Erbarmungslose innere Kritiker können ebenso erbarmungslos über andere Menschen herfallen. Die Ansprüche, die wir nach Meinung des inneren Kritikers erfüllen müssen, die sollen gefälligst auch die anderen erfüllen. Was uns unser innerer Kritiker verbietet, das dürfen die anderen auch nicht. Und so kommt es vor, dass wir uns nur deshalb über jemanden aufregen, weil derjenige genau das tut, was uns unser innerer Kritiker verbietet.

Wo kommen die unsympathischen Leute her?

Stellen Sie sich einmal Folgendes vor: Ihr innerer Kritiker verbietet Ihnen jede Form von positiver Selbstdarstellung. Immer wenn Sie sich selbst vor anderen Menschen loben, ist das in seinen Augen bloße Angeberei. Und angeben gehört sich nicht. Sie müssen (nach Meinung Ihres inneren Kritikers) bescheiden darauf warten, dass der Rest der Welt ganz von selbst merkt, wie gut Sie etwas können und wie tüchtig Sie sind. Und wenn Ihnen zufällig mal ein Satz entschlüpft wie »O ja, darauf bin ich stolz« oder »Doch, das habe ich wirklich gut gemacht« gibt es eine schmerzhafte Kopfnuss vom inneren Kritiker. Er macht Ihnen ein schlechtes Gewissen, weil Sie geprahlt haben. Also arbeiten Sie mit dieser Bescheidenheitsvorschrift wie das Veilchen im Moose still vor sich hin.

Der innere Kritiker macht uns Vorschriften, nach denen wir uns zu richten haben.

Und dann passiert es: Sie bekommen eine neue Kollegin und die ist ganz anders als Sie. Die neue Kollegin plaudert ganz ungeniert über ihre eigenen Leistungen. Sie ist stolz auf sich und erzählt jedem, was sie alles gut gemacht hat. Am liebsten tut sie das in den Meetings mit den Vorgesetzten. Nein, diese Kollegin kann nicht mehr als Sie. Sie leistet ungefähr dasselbe wie Sie. Aber sie stellt sich damit positiv dar. Sie tut etwas, was Ihnen Ihr innerer Kritiker verbietet. Denn seiner Meinung nach gehört sich das nicht. Und für ihn ist das auch keine positive Selbstdarstellung – das wäre für den inneren Kritiker eine viel zu neutrale Formulierung. Er benutzt gern schlecht machende, verletzende Worte. Das ist Wichtigtuerei, sich aufplustern, eitle Selbstbeweihräucherung. Das dürfen Sie nicht.

Aber was passiert jetzt, zwischen Ihnen und der neuen Kollegin?

Wenn Sie noch ganz und gar mit Ihrem inneren Kritiker identifiziert sind, ist Ihnen diese Kollegin auf Anhieb unsympathisch. Sie mögen sie nicht. Falls Ihr Kritiker sehr stark ist, hassen Sie sie sogar. Und schon haben Sie eine neue Feindin. Denn es gilt die Regel: Solange Sie von einem harten inneren Kritiker beherrscht werden, so lange gehen Sie auch hart mit Ihren Mitmenschen ins Gericht.

Wenn Sie jemanden spontan unsympathisch finden, hat Ihr innerer Kritiker diese Person verurteilt.

Vielleicht wirft das Beispiel ein interessantes Licht auf die Menschen, die Ihnen unsympathisch sind. Könnte es sein, dass auch hier Ihr innerer Kritiker mit im Spiel ist?

Was tut so ein unsympathischer Mensch, damit Sie ihn nicht mögen? Ich wette, Ihr innerer Kritiker schimpft über ein bestimmtes Verhalten dieser Person. Schon deshalb lohnt es sich, die sogenannten unsympathischen Menschen genauer zu betrachten. An diesen Leuten können Sie erkennen, was Ihnen Ihr innerer Kritiker verbietet. Und womit er Ihnen eventuell auch ein schlechtes Gewissen macht.

Glauben Sie dem inneren Kritiker kein Wort

Falls Sie jetzt dabei sind, sich dafür zu kritisieren, dass Sie auch so einen inneren Kritiker haben und ihn loswerden wollen, stoppen Sie einen Moment. Halt!

Wer kritisiert da in Ihnen, dass Sie einen inneren Kritiker haben? Natürlich nur unser alter Freund, der innere Kritiker.

Ja, er kann alles gegen Sie verwenden. Jede Information aus
dem Fernsehen, aus einer Zeitschrift und auch aus einem
Buch wie diesem kann er dazu benutzen, um Ihnen zu zeigen, was an Ihnen verkehrt ist. Und wenn Sie jetzt wissen,
dass Sie einen inneren Kritiker haben, kann er auch diese Information gegen Sie verwenden und deswegen an Ihnen herumnörgeln.

**Es ist nicht falsch, dass Sie einen
inneren Kritiker haben.**

Sie haben, wie jeder erwachsene Mensch, einen inneren Kritiker. Daran ist nichts falsch. Sie können diesen Teil Ihres
Denkens nicht abschaffen, ausmerzen oder vernichten. Auch
Exorzismus funktioniert nicht. Der innere Kritiker ist ein
Teil Ihrer Prägung, Ihrer Konditionierung. Sie haben diese
Form der Selbstkritik schon sehr früh, in Ihrer Kindheit,
erlernt. Aber Sie können etwas Neues lernen. Sie können
lernen, Ihrem inneren Kritiker die Macht zu entziehen. Die
ganze Macht, die er über Sie hat, beruht nur auf einer einzi-
gen Tatsache: Sie glauben das, was Ihr innerer Kritiker Ihnen
erzählt.

**Von Ihrem inneren Kritiker
bekommen Sie keine nützlichen
Informationen.**

Die beste Haltung dem inneren Kritiker gegenüber ist die to-
tale Skepsis. Werden Sie ihm gegenüber zu einer (oder einem)
Ungläubigen. Denn von dieser inneren Stimme bekommen
Sie keine nützlichen Informationen.
• Ihr innerer Kritiker weiß nichts darüber, wie Sie wirklich
  sind. Er sieht nur Ihre Mängel und Schwächen. Alles andere interessiert ihn nicht. Und wie sehr Sie sich auch verändern, er wird Sie immer wieder tadeln. Wenn Ihnen Ihr

innerer Kritiker zuflüstert, was für ein Mensch Sie sind, glauben Sie ihm kein Wort.

• Ihr innerer Kritiker kann Ihr Leben nicht einschätzen. Er sieht Ihre wirklichen Leistungen und Fähigkeiten nicht. Er schaut nur auf das Fehlende. Das, was Sie schon erreicht haben, beachtet er nicht. Wenn Ihr innerer Kritiker Ihnen erzählt, wie Ihr Leben aussieht, glauben Sie ihm kein Wort.

• Ihr innerer Kritiker kann Ihnen absolut nichts über Ihre Persönlichkeit sagen. Für ihn sind Sie immer irgendwie verkehrt und Sie müssen noch viel an sich arbeiten. Anders wird er Sie nie sehen. Wenn Ihnen Ihr innerer Kritiker erzählt, was für ein Typ Sie sind oder was für einen Charakter Sie haben, glauben Sie ihm kein Wort.

• Ihr innerer Kritiker weiß nichts über Ihre Mitmenschen. Er sieht andere Menschen nur an, um herauszufinden, was bei diesen Leuten nicht stimmt. Und er findet immer etwas, was er bei anderen kritisieren kann. Darauf fixiert er sich. Wenn Ihr innerer Kritiker Ihnen sagt, was mit Ihren Mitmenschen los ist und wie er die einschätzt, glauben Sie ihm kein Wort.

Nur solange Sie die Kommentare des inneren Kritikers ernst nehmen und für wahr halten, hat er Sie in seiner Hand. Aber wenn Sie ihm nicht mehr glauben, sind Sie frei. Zwar wird der innere Kritiker nicht verschwinden, aber er verliert seinen Einfluss auf Ihr Denken, Fühlen und Handeln. Er wird machtlos. Die kritischen Gedanken tauchen dann noch hin und wieder auf, aber Sie werden darüber nur noch schmunzeln. Das alte Geplapper Ihres inneren Kritikers kommt Ihnen dann vor wie eine Gruselgeschichte, an die Sie früher noch geglaubt haben. Aber jetzt sind Sie darüber hinausgewachsen.

Wenn Sie Ihrem inneren Kritiker nicht mehr glauben, wird er machtlos.

Die häufigsten Fragen zum
inneren Kritiker

»Brauchen wir nicht unseren inneren Kritiker, um unsere Fehler zu erkennen?«

Nein, dafür brauchen wir ihn nicht. Zum Glück plappert unser innerer Kritiker nicht ununterbrochen. Denn täte er das, würden wir wahrscheinlich verrückt werden. Er tritt nur hin und wieder in Erscheinung. Zwischendurch leben wir gut und gern ohne seine Kommentare. In dieser kritikerfreien Zeit erkennen wir sehr wohl, wenn wir etwas falsch gemacht haben.

Nehmen wir einmal an, Sie haben fünf und fünf zusammengezählt und bei Ihnen kam elf heraus. Ein falsches Ergebnis. Das können Sie ohne die abwertenden Kommentare Ihres inneren Kritikers feststellen. Wenn der innere Kritiker sich einmischt, baut er ein Lügengebäude um diesen Fehler herum. Er tadelt Sie, und er macht Sie schlecht, etwa mit diesem Gedanken: »Wie kann man nur so blöd sein und zwei Zahlen falsch zusammenzählen!« Das ist jetzt nicht mehr objektiv. Das ist nur noch angreifend und beleidigend. Und es ist immer auch eine Attacke auf Ihr Selbstvertrauen, mit den bekannten Folgen: Sie zweifeln an sich, und Sie fühlen sich mies. Wird dadurch irgendetwas besser? Wird durch so eine Kritikerattacke der Fehler wieder ausgebügelt? Nein. Sie beschimpfen sich zwar selbst, aber die objektive Tatsache, dass Sie etwas falsch gemacht haben, bleibt bestehen. Steigert sich Ihre Leistung durch den Angriff des inneren Kritikers? Können Sie nach einer Kritikerattacke besser rechnen? Nein, im Gegenteil. Sich selbst runterputzen war noch nie ein brauchbares Mittel, um die eigenen Leistungen zu steigern oder um sich zu motivieren.

Sie können Ihre Fehler erkennen und ausbügeln, ohne sich dabei zu beschimpfen.

Ohne das Geplapper des inneren Kritikers können Sie klarer nachdenken, den Fehler viel schneller beheben und daraus lernen. Ohne die Einmischung des inneren Kritikers wird es Ihnen außerdem auch leichter fallen, den Fehler anderen Menschen gegenüber zuzugeben und sich dafür zu entschuldigen.

»Woher kommt der innere Kritiker?«

Schon als kleines Kind wurde uns gesagt, was man nicht darf, was ungehörig oder ungezogen ist. Und wenn wir unartig waren, wurden wir in irgendeiner Weise getadelt, von unseren Eltern oder anderen Bezugspersonen. Vielleicht bekamen wir eine Standpauke, wurden in unser Zimmer geschickt oder Mama hat traurig den Kopf geschüttelt und gesagt: »Du machst mich ganz krank.«

In unserer Herkunftsfamilie gab es einen ganz speziellen Kritikstil und der hat uns geprägt. Genauer gesagt, der hat unseren inneren Kritiker geprägt. Wir haben diese Art zu kritisieren verinnerlicht.

Als wir klein waren, kam die Kritik von außen. Mama oder Papa haben zu uns gesagt: »Mein Gott, musst du dich beim Essen immer bekleckern! Du siehst aus wie ein Ferkel.« Später konnten wir uns selbst kritisieren. Die Spaghettisoße landete wieder einmal auf dem T-Shirt und in uns entstand ganz von selbst der Gedanke: »O Mist! Ich seh aus wie ein Ferkel und gekleckert hab ich auch noch.« So ist der innere Kritiker entstanden. Sein Tonfall, seine Härte und seine Strenge – das alles hat er in unserer Herkunftsfamilie gelernt.

Der Inhalt, das, was wir heute bei uns kritisieren, kann sich verändert haben. Vielleicht ist das Zimmeraufräumen oder ordentlich Guten-Tag-Sagen heute kein Thema mehr für unseren inneren Kritiker. Er hat neue Ansprüche entwickelt, nach denen er uns beurteilt.

**Als Kind haben wir die Kritik unserer
Eltern verinnerlicht. So ist der innere
Kritiker entstanden.**

Es ist nicht verkehrt, dass wir einen inneren Kritiker entwickelt haben. Dieser Teil der Seele entsteht, wenn ein Kind
größer wird und lernt, sich selbst zu kontrollieren. Wir sind
als lernfähiges Wesen zur Welt gekommen. Wir haben die
Sprache erlernt und wie man über eine Straße geht, ohne
überfahren zu werden. Wir haben gelernt, wie man ein Lied
singt und wie man ein Geburtstagsgeschenk verpackt. Wir
haben gelernt, was richtig und falsch ist, und so haben wir
auch die Selbstkritik erlernt. Die Personen, mit denen wir als
Kind zusammenlebten, haben all das und noch viel mehr an
uns weitergegeben. Und das taten sie, weil sie es auch so gelernt hatten.

**Der innere Kritiker ist kein Fehler
in der Erziehung.**

Als Kind haben wir aber nicht nur die Selbstkritik verinnerlicht, sondern wir haben auch Fürsorge und Freude erlebt.
Auch diese Erfahrungen prägten uns. Durch die Liebe, die
wir bekommen haben, entstand ein Ausgleich, ein Gegengewicht zum inneren Kritiker. Wir bestehen nicht nur aus
Selbstkritik. Wir können auch liebevoll mit uns umgehen.

»Was kann man tun, wenn der innere Kritiker zu stark ist?«
   Es gibt innere Kritiker, die richtig bösartig sein können. So
bösartig, dass sie zerstörerisch wirken. Dabei können hasser-
füllte Gedanken entstehen, die sich gegen die eigene Person
oder auch gegen andere Leute richten. Solche bösartigen inneren Kritiker reden dann beispielsweise davon, dass sich alles
nicht mehr lohnt und dass es besser wäre, wenn man nicht
mehr leben würde.

Die Ursache dafür kann in der Vergangenheit liegen. Solche bösartigen inneren Kritiker entstehen häufig, wenn der betreffende Mensch als Kind vernachlässigt oder misshandelt wurde. Eine weitere Ursache können auch traumatische Erlebnisse sein, zum Beispiel die frühe Trennung von einer wichtigen Bezugsperson, ein schwerer Unfall, Kriegserlebnisse oder andere Katastrophen.

Es gibt aber auch normale innere Kritiker, die in einer Lebenskrise plötzlich gefährlich werden. Das kann passieren, wenn Menschen eine Trennung erleben, krank oder arbeitslos werden. Gerät das eigene Leben aus den Fugen, dreht der innere Kritiker auf und steigert seine Attacken. In einem solchen Fall brauchen Sie Hilfe von außen.

Ein bösartiger innerer Kritiker kann enormes seelisches Leid verursachen.

Alles, was in diesem Buch steht, ist für den Hausgebrauch gedacht. Es ist wie ein Schnupfenmittel, das man selbst aus der Hausapotheke nimmt. Wenn aber der Schnupfen stärker wird und die Symptome zu lange anhalten, ist es ratsam, zum Arzt zu gehen.

Das Gleiche gilt auch für den Umgang mit dem inneren Kritiker. Falls Sie feststellen, dass Ihr innerer Kritiker in eine bösartige Richtung geht oder wenn Sie sich in einer Lebenskrise befinden, nehmen Sie besser die Hilfe von Profis in Anspruch. Suchen Sie für sich einen Psychotherapeuten oder eine Psychotherapeutin. Viele Hausärzte wissen, wo Sie diese Hilfe in Ihrer Umgebung finden können. Manche Krankenversicherungen haben Listen von anerkannten Psychotherapeuten und auch viele psychologische Beratungsstellen können Ihnen sagen, wo es die entsprechenden Fachleute gibt.

Holen Sie sich professionelle Hilfe, wenn Ihr innerer Kritiker zu stark wird.

Stellen Sie sich innerlich darauf ein, mit mehreren Therapeuten ein Vorgespräch zu führen, um herauszufinden, welcher für Sie der (oder die) Richtige ist.

»Wie sieht der innere Kritiker bei Männern aus?«

Vielen Frauen kommt es so vor, als wäre die Sache mit dem inneren Kritiker hauptsächlich ein Frauenproblem. Das stimmt aber nicht. Frauen *und* Männer haben einen inneren Kritiker. Aber es gibt Unterschiede bei den Themen, mit denen sich die jeweiligen Kritiker beschäftigen. (Alles, was jetzt kommt, sind Durchschnittsangaben und Tendenzen.)

Bei Frauen geht es häufiger als bei Männern um das Aussehen und um die Beziehungen zu anderen Menschen. Viele Frauen haben heftige Kritikerattacken wegen ihrer Figur, weil sie zu viel wiegen oder weil sie älter werden. Selbst Frauen, die schlank sind und scheinbar keine Gewichtsprobleme haben, leiden häufig unter einem strengen inneren Kritiker, der ständig aufpasst, dass sie kein Gramm zunehmen und genug Sport treiben. Außerdem verlangt der innere Kritiker bei Frauen, dass sie sich um gute Beziehungen zu anderen Menschen kümmern und dabei möglichst sympathisch wirken. Bei Störungen in den Beziehungen gibt der innere Kritiker fast immer der betreffenden Frau die Schuld daran. Sie hätte sich mehr anstrengen oder verständnisvoller sein müssen. Oder der innere Kritiker hält die betreffende Frau schlicht für nicht liebenswert.

**Der innere Kritiker ist nicht nur
ein Problem von Frauen.
Auch Männer leiden unter selbstkritischen Gedanken.**

Bei den meisten Männern ist das anders. Gute Beziehungen sind zwar wichtig, stehen aber nicht an allererster Stelle. Auch der Bauchumfang oder die Falten im Gesicht sind viel seltener Anlass für eine Kritikerattacke. Meistens meckert der innere Kritiker bei Männern nur darüber, dass der betreffende Mann eine Glatze bekommt.

Der Kritiker ist mehr darum besorgt, ob der Mann auch obenauf ist. Ob er eine gute Position hat, ein Siegertyp ist und genügend Geld verdient. Dem inneren Kritiker bei Männern geht es mehr um Status und Macht, um Überlegenheit und Dominanz. Auf keinen Fall darf der Mann ein Pantoffelheld sein, der vor anderen herumkriecht.

In meinen Selbstbehauptungstrainings fiel mir immer wieder auf, dass Frauen ihre Kritikerkommentare oft laut aussprechen. Frauen neigen mehr als Männer dazu, über sich selbst etwas Negatives zu sagen. Zweifellos können Männer auch selbstkritisch über sich sprechen, aber sie tun es seltener. Dadurch kann der Eindruck entstehen, Frauen hätten einen größeren inneren Kritiker als Männer. Das haben sie aber nicht. Männer reden nur weniger darüber.

> **Über sich selbst etwas Negatives sagen, kommt bei Frauen häufiger vor als bei Männern.**

Von kleinen Tröstern und anderen Fluchthelfern

Nachdem der innere Kritiker hart mit uns ins Gericht gegangen ist, fühlen wir uns mies. Sich mies fühlen ist ein Oberbegriff für eine ganze Reihe von belastenden Gefühlen. Das geht von schlechter Laune über Selbstzweifel und Niedergeschlagenheit bis hin zur Depression. Um aus diesen belastenden Gefühlen herauszukommen, greifen die Menschen häufig zu zwei verschiedenen Lösungen, die eigentlich keine Lösungen sind, sondern nur Verschlimmerungen.

Die erste »Lösung« besteht darin, dass wir nach einer Kritikerattacke irgendetwas tun, um das miese Gefühl zu verändern. Am schnellsten geht das mit den kleinen Tröstern: erst einmal eine Zigarette anzünden, ein bis zwei Gläser Rotwein trinken, schön einkaufen gehen oder sich eine Tafel Schokolade gönnen. So entsteht eine kleine Flucht vor dem schlechten Gefühl, das durch eine Kritikerattacke entstanden ist. Aber der innere Kritiker meldet sich nicht nur einmal zu Wort, nein, er spricht immer wieder. Und wieder greifen wir zu einem kleinen Tröster. Wieder versuchen wir damit aus dem miesen Gefühl herauszukommen. Diese kleine Flucht, dauernd wiederholt, kann zu einem ausgewachsenen Fluch werden. Aus den Fluchthelfern wie Zigaretten, Alkohol, Essen oder Einkaufen kann sich eine Abhängigkeit entwickeln.

Hinter jeder Sucht oder Abhängigkeit steckt ein innerer Kritiker.

Wenn wir aber abhängig werden, dreht der innere Kritiker richtig auf. Jetzt beschämt er uns, weil wir so undiszipliniert und willenlos sind und immer wieder zu diesen Fluchthelfern greifen. Und weil der innere Kritiker so sehr auf uns herumhackt und wir uns so mies fühlen, zünden wir uns noch eine Zigarette an, trinken ein paar Gläser Wein, essen wieder etwas Süßes ... und so entsteht ein Teufelskreis. Je abhängiger wir werden, umso mehr Ohrfeigen verpasst uns der innere Kritiker und umso schlechter fühlen wir uns. Je schlechter wir uns fühlen, desto mehr verlangen wir nach den Mitteln, die unsere Stimmung wenigstens für kurze Zeit verbessern.

Letztlich sorgt der innere Kritiker mit seinen Attacken dafür, dass wir am Ende das tun, wofür er uns dann wieder kritisieren kann. Hinter jeder Abhängigkeit, hinter jeder Sucht, steckt ein innerer Kritiker, der immer noch unbemerkt plappern kann.

Woher kommen die hohen Ansprüche?

Es gibt noch eine zweite »Lösung«, zu der sehr viele Menschen greifen, wenn ihr innerer Kritiker sie attackiert hat. Auch diese Lösung bewirkt in Wirklichkeit nichts, sondern verknotet das Ganze noch mehr. Sie besteht aus hohen Ansprüchen.

Der innere Kritiker hat gesprochen, das Selbstvertrauen sitzt im Keller und wie kommt man jetzt wieder hoch? Man gelobt Besserung. Man will endlich alles richtig machen, sich richtig zusammenreißen und sich anstrengen. Die Ansprüche werden hochgeschraubt.

Hohe Ansprüche an sich selbst sind eine Form von Selbstquälerei.

Was das genau für Ansprüche sind, ist von Mensch zu Mensch verschieden. Es hängt davon ab, worauf der innere Kritiker immer wieder herumhackt. Die Ansprüche können zum Beispiel so aussehen:

- sich nur noch gesund ernähren,
- regelmäßig Ausdauersport treiben,
- beruflich noch erfolgreicher sein,
- immer freundlich und positiv bleiben,
- die Zeit noch besser nutzen,
- mehr Bücher lesen und weniger fernsehen,
- kein Geld mehr verschwenden,
- sich noch besser selbstbehaupten,
- nie wieder die Kinder anschreien,
- immer für andere da sein,
- kurzum: ohne Fehl und Tadel leben.

Ohne Fehl und Tadel leben, nein, das reicht noch nicht. So richtig hohe Ansprüche bleiben nie stehen, sie wachsen ständig. Die Messlatte wird hochgelegt und kaum ist man da an-

gekommen, wird sie noch ein Stück höher geschoben. Voran-
kommen, immer besser werden, noch mehr erreichen.

Und nun raten Sie mal, was passiert, wenn wir uns mit
solchen hohen Ansprüchen zudecken? Zuerst entsteht ein
enormer innerer Druck, eine große Anspannung, nicht nur
seelisch, auch körperlich. Und was tut man üblicherweise,
um diesen Druck loszuwerden? Da gibt es doch die kleinen
Fluchthelfer: eine Zigarette, ein Glas Rotwein, etwas Süßes
essen, einkaufen gehen etc.

**Sie sind einzigartig. Vergleichen Sie
sich nicht mit anderen Menschen.**

Aber es geht noch weiter. Wenn die Ansprüche *zu* hoch werden, scheitern wir. Wir schaffen das alles nicht. Und nun hat
der innere Kritiker neue Munition, die er auf uns abfeuern
kann. Weil wir gescheitert sind, macht er uns Schuldgefühle.
Er vergleicht uns mit anderen Leuten. Mit Leuten, die das,
was wir nicht schaffen, problemlos hinbekommen haben. Wieder sinkt unser Selbstvertrauen. Wieder halten wir uns für
unzulänglich. Und wie kommen wir da raus? Wenn es nach
dem inneren Kritiker geht, gibt es nur einen Weg: Sich noch
mehr anstrengen, sich mehr Mühe geben, die Zeit richtig ein-
teilen und die Sachen diszipliniert anpacken.

Die Messlatte tiefer legen

Sie können Ihren inneren Kritiker nie ganz zufrieden stellen. Bestenfalls schweigt er hin und wieder. Aber letztlich findet er immer neue Normen, Vorschriften und Ansprüche, die Sie zu erfüllen haben. Das ist auch einleuchtend, denn schließlich ist er Ihr innerer Kritiker und Sie zu kritisieren ist sein Job. Er wird nicht einfach damit aufhören, nur weil Sie alle hohen Ansprüche erfüllen und erfolgreich sind.

> **Sie können Ihren inneren Kritiker nie ganz zufrieden stellen. Er findet immer neue Gründe, um Sie zu tadeln.**

Es ist so ähnlich wie mit den Komplimenten von anderen Menschen. Wenn Sie einen starken inneren Kritiker haben, können Sie das Lob von anderen nur sehr schwer annehmen. Denn Ihr innerer Kritiker führt über Sie eine negative Buchhaltung, in der er alle Ihre Schwächen, Mängel und Fehler akribisch notiert. Selbst wenn Sie den Nobelpreis erhalten oder zum Unternehmer des Jahres gekürt werden, für Ihren inneren Kritiker ist das glatte Hochstapelei. Er wird Sie gern daran erinnern, womit Sie in Ihrem Leben schon gescheitert sind und was Sie alles noch *nicht* erreicht haben. Der Versuch, den inneren Kritiker zufrieden zu stellen, ist so, als wollten Sie mit einem Sieb Wasser schöpfen. Es ist aussichtslos.

Es gibt eine sehr einfache Methode, mit der Sie Ihr Selbstvertrauen steigern und den inneren Druck abbauen können. Allerdings wird diese Methode Ihrem inneren Kritiker nicht gefallen. Diese Methode heißt: Ansprüche runterschrauben.

Legen Sie Ihre Messlatte ein ganzes Stück tiefer. So tief, dass Sie bequem drübersteigen können. Und das gilt für Ihre Ansprüche in allen Lebensbereichen.

Selbstbehauptungsstrategie:
Die Ansprüche an sich selbst runterschrauben

1. Stellen Sie fest, wo Sie in Ihrem Alltag inneren Druck und hohe Ansprüche spüren

Überprüfen Sie in den nächsten Wochen, wo und wann Sie sich gestresst fühlen, weil Sie zu hohe Ansprüche an sich selbst haben. Stellen Sie dabei fest, was Sie genau von sich selbst erwarten. Was glauben Sie, leisten zu müssen?

2. Schrauben Sie die Ansprüche runter

Es gibt zweifellos Dinge, bei denen es wichtig ist, dass Sie eine gute Leistung erbringen. Zum Beispiel, wenn Sie als Pilotin ein Flugzeug steuern oder als Chirurg eine Herzoperation durchführen. Aber es gibt viele Tätigkeiten, da reicht ein Gerade-mal-eben-So. Stellen Sie fest, wo Sie in Ihrem Alltag die Messlatte tiefer legen können. Machen Sie dort die Dinge nur so gut wie eben nötig.

3. Erlauben Sie sich selbst, Nein zu sagen

Überlegen Sie, welche Arbeiten Sie an andere delegieren können und was sich vereinfachen lässt. Hohe Ansprüche können Sie genauso ablehnen wie alles andere, was Sie nicht wollen. Setzen Sie Ihrem eigenen Anspruchsdenken eine Grenze und sagen Sie Nein zu Überforderung, Perfektionismus und anderen Selbstquälereien.

4. Vergleichen Sie sich nicht mit anderen

Sie sind einmalig und deshalb unvergleichlich. Bleiben Sie ganz bei sich und in Ihrem Lebensgarten. Was andere Menschen tun, kann für Sie kein Maßstab sein. Kultivieren Sie in Ihrem Leben den Mut zur Lücke und die Freude am Nichtstun.

So bekommen Sie in schwierigen Situationen mehr Selbstvertrauen

Wenn Sie Ihren inneren Kritiker erkennen und seine Machenschaften durchschauen, können Sie ihn auch bändigen. Das ist besonders wichtig in Situationen, in denen Sie ein Maximum an Selbstvertrauen brauchen. Beispielsweise bei einem Bewerbungsgespräch oder wenn Sie eine Rede halten wollen. Das sind Momente, in denen Sie das Geplapper Ihres inneren Kritikers so dringend brauchen wie Fußpilz. Er würde Ihnen nur allzu gern vor Augen führen, wodurch Sie scheitern könnten. Und er würde Ihnen auch gern zuflüstern, dass Sie sich blamieren werden, wie damals, als Sie ... (jetzt kommt eine kleine Erinnerung aus der Rubrik »Meine peinlichen Niederlagen von früher«). Durch solche Gedanken entstehen Redeangst und Lampenfieber.

Je stärker Ihr innerer Kritiker auf Sie einredet, umso mehr Selbstzweifel kommen in Ihnen auf. Und eine solche Kritikerattacke kann sich auch in Ihrer Körpersprache widerspiegeln. Sie wirken nach außen hin möglicherweise ver-

Solange der innere Kritiker plappert, wirken Sie wenig überzeugend

krampft, schüchtern und wenig überzeugend. Ihr Gegenüber wird merken, dass Sie sich nicht wohlfühlen und unsicher sind.

**Sie können Ihren inneren Kritiker
eine Zeit lang ruhig stellen.**

Allerdings sind Sie Ihrem inneren Kritiker nicht hilflos ausgeliefert. Sie können ihn bändigen und ihn in die Ecke stellen. Das schaffen Sie, indem Sie seinen Kommentaren keine Aufmerksamkeit mehr schenken. Sie hören dem Kritikergeplapper nicht mehr zu. Das ist wie eine Radiosendung, die noch im Hintergrund läuft, die Sie aber nicht weiter beachten.

Hier kommt die Strategie, die Ihnen erklärt, wie Sie in schwierigen Situationen Ihren Kritiker bändigen können.

Selbstbehauptungsstrategie:
Den inneren Kritiker ruhigstellen

1. Lernen Sie Ihren inneren Kritiker kennen und stellen Sie fest, wie und wann er seine Kommentare loslässt. Je besser Sie Ihren Kritiker kennen, umso leichter fallen Ihnen die weiteren Schritte dieser Strategie.

2. Bereiten Sie sich auf die aufregende Situation oder das Gespräch so gut wie möglich vor. Eine gute Planung kann Ihnen viel Selbstsicherheit geben.

3. Achten Sie auf alle Gedanken, durch die Sie verunsichert werden. Falls Ihnen Ihr innerer Kritiker beispielsweise erzählt, wie Sie sich blamieren könnten, stoppen Sie diesen Gedanken. Unterbrechen

Sie diesen Gedankenstrom und denken Sie absichtlich an etwas Besseres. Zum Beispiel können Sie sich vorstellen, wie Sie die Sache sehr gut hinbekommen. Falls Ihnen das zu mühsam ist, konzentrieren Sie sich einfach auf das Jetzt. Schauen Sie sich um, wo Sie sind und wie Ihre Umgebung aussieht. Gehen Sie in eine entspannte und aufrechte Körperhaltung. Atmen Sie tief ein und aus. Entspannen Sie sich noch etwas mehr.

4. Wenn ein Kritikerkommentar in Ihrem Kopf auftaucht, lassen Sie ihn einfach wieder fallen. Kämpfen Sie nicht gegen Ihre Gedanken an, und schimpfen Sie auch nicht darüber. Richten Sie nur Ihre Aufmerksamkeit auf etwas anderes. Das reicht. Sagen Sie innerlich »nein danke« und wechseln Sie das Programm. Beschäftigen Sie sich mit etwas anderem oder malen Sie sich aus, wie Sie alles erfolgreich schaffen. Falls Ihr Kritiker sich überhaupt nicht abwimmeln lässt, greifen Sie zu Papier und Stift und schreiben Sie alle seine Kommentare Wort für Wort auf. Schreiben Sie oben drüber: Mein innerer Kritiker sagt Folgendes zu mir. Was Sie wörtlich notiert haben, muss er Ihnen nicht mehr vorhalten, denn das können Sie jetzt schwarz auf weiß nachlesen.

5. Kurz bevor es losgeht, wird Ihr innerer Kritiker womöglich nochmals aufdrehen, um seine Meinung loszuwerden. Und wieder heißt das für Sie: keine Aufmerksamkeit für Verunsicherungen. Konzentrieren Sie sich ganz auf das, was Sie im Moment zu tun haben. Gehen Sie sorgfältig und in aller Ruhe in Ihre Muthaltung. Atmen Sie tief und freuen Sie sich über Ihre würdige Ausstrahlung. Es ist vollkommen in Ordnung, vor einer ungewohnten Situation aufgeregt zu sein. Das ist kein schlechtes Zeichen. Sie können auch in einem aufgeregten Zustand selbstsicher und überzeugend reden.

6. Wenn alles vorbei ist, können Sie Ihren Kritiker plappern lassen. Auch hier gilt: Glauben Sie ihm kein Wort. Er kann Ihren Auftritt

nicht richtig einschätzen. Er kann Sie nur kritisieren. Aber wundern Sie sich nicht, wenn er ziemlich still ist, obwohl Sie ihm jetzt Sendezeit geben. Er wird seine Kommentare wahrscheinlich erst loslassen, wenn Sie nicht mehr ganz so wachsam sind.

Ohne die Kommentare des inneren Kritikers wächst Ihr Selbstvertrauen

Diese Art des Kritikermanagements funktioniert nach dem Prinzip der Akzeptanz und Steuerung. Sie akzeptieren, dass sich Ihr innerer Kritiker melden wird, und Sie sind darauf vorbereitet. Sie achten auf die Gedanken, die Ihnen durch den Kopf gehen, und wenn er loslegt, ärgern Sie sich nicht darüber und verfluchen ihn auch nicht. Sie hören einfach nicht zu. Sie schenken seinem Geplapper keine Aufmerksamkeit. Sie wenden sich ab, ohne zu kämpfen. Das reicht. Aber es ist gut zu wissen, dass manche innere Kritiker sehr beharrlich sein können und das gleiche Geplapper ständig wiederholen. Da hilft Ihnen die vierte Selbstbehauptungsstrategie, die höfliche Hartnäckigkeit. Glauben Sie Ihrem inneren Kritiker kein Wort, und wenden Sie sich schöneren Dingen zu. Immer wieder.

**Die einfachste Methode, den inneren
Kritiker zu bändigen: Schenken Sie ihm
keine Aufmerksamkeit.**

Mittlerweile haben Sie sicherlich einen Eindruck davon bekommen, wie der innere Kritiker unser Selbstvertrauen untergraben und unser Leben verdunkeln kann. Aber wie würde Ihr Leben wohl aussehen, wenn Ihr innerer Kritiker darin keine Hauptrolle mehr spielt? Hier kommt gleich eine kleine Übung dazu, die Sie sofort und in Gedanken durchführen können.

Stellen Sie sich vor, Ihr innerer Kritiker hätte Sendepause. Lassen Sie ihn einen Ausflug machen oder in Urlaub fahren. Auf jeden Fall ist er nicht da. Keine Selbstkritik mehr. Jetzt kommen drei Fragen, die Ihnen eine ganz neue Sichtweise eröffnen können:

• Was würden Sie in Ihrem Alltag anpacken, wenn Sie keinen inneren Kritiker hätten?

• Was würden Sie sich alles zutrauen, ohne seine besorgten Kommentare in Ihrem Kopf?

• Und wie würden Sie sich *fühlen*, wenn es keine Selbstkritik in Ihren Gedanken mehr gäbe?

Denken Sie über diese drei Fragen öfter nach. Meditieren Sie darüber. Mit diesen Fragen bekommen Sie Zugang zu dem Teil Ihrer Lebenskraft, die von Ihrem inneren Kritiker bisher blockiert wurde.

Von der Selbstkritik zur Selbstachtung

Auch wenn Ihr innerer Kritiker Ihnen bisher etwas anderes erzählt hat, Sie sind in Ordnung, so wie Sie sind. Mit allem Drum und Dran. Sie sind als wunderbare Kostbarkeit zur Welt gekommen und etwas anderes können Sie nie sein. Niemals.

Ihre Kostbarkeit hat nichts damit zu tun, wie Sie sich verhalten oder was Sie leisten. Sie ist der Kern Ihres Menschseins. Es ist etwas, was Ihnen nicht abhandenkommen kann. Deshalb müssen Sie sich auch nicht darum bemühen, ein wertvoller, liebenswerter Mensch zu werden. Sie sind es bereits.

Sie sind ein unschätzbares Juwel.
Und kein Fehler, den Sie je begangen
haben, kann daran etwas ändern.

Erlauben Sie sich, so zu sein, wie Sie sind. Mit allem, was dazugehört. Und Sie sind (wie alle anderen Menschen auch) ein Gemischtwarenladen. Sie können laut und leise sein und alles dazwischen. Sie sind selbstsicher und manchmal auch nicht. Sie sind freundlich, aber Sie können sich auch anders verhalten. Und alles, was Sie sind, will von Ihnen gesehen und geliebt werden. Auch das, was Ihr innerer Kritiker an Ihnen nicht mag. Das alles gehört zu Ihnen, und alles verdient Ihre Wertschätzung.

Jede Facette Ihrer Persönlichkeit
verdient Ihre Wertschätzung.
Vor allem das, was wir manchmal
Macke oder Schwäche nennen.

Wenn Sie sich langsam von Ihrem inneren Kritiker lösen, merken Sie, wie Ihr Selbstvertrauen wächst. Jedes Mal, wenn Sie seine Kommentare anzweifeln, entsteht in Ihnen mehr

Selbstachtung, mehr Liebe zu sich selbst. Und so kommt die Kostbarkeit, die Sie sind, immer mehr ans Licht.

Zugleich sehen Sie sich mit neuen Augen. Vielleicht können Sie zum ersten Mal wirklich erkennen, dass Sie sehr viel in Ihrem Leben gut, ja sogar sehr gut gemacht haben. Und dass Sie sich mit dem, was Sie sind, nicht verstecken oder schämen müssen.

Sie sind ein unvergleichbares, menschliches Wesen. Und wie jeder andere Mensch auch, leben Sie Ihr Leben und werden dabei mit allerlei Widrigkeiten fertig.

Jenseits Ihres inneren Kritikers gibt es kein So-sollte-man-Leben und So-ist-es-Falsch. Vielleicht erkennen Sie auch, dass alle Ihre Fehler in gewisser Weise für Sie wichtig und richtig waren.

So bauen Sie eine Kultur der Selbstliebe auf

Wenn Sie schon ein paar Jahrzehnte auf diesem Planeten leben, hat sich der innere Kritiker in Ihrer Seele schon kräftig ausgetobt. Dabei hat er eine ausgeprägte Kritikkultur entwickelt. Er benutzt verschiedene Methoden, um Sie zu ermahnen, anzugreifen oder zu beleidigen. Schlicht gesagt: Er hat seinen Stil. Also wird es Zeit, dass Sie einen Stil finden, mit dem Sie sich anerkennen und lieben können.

Geben Sie sich selbst die Liebe und Anerkennung, die Sie brauchen.

Entwickeln Sie Ihre eigene Anerkennungskultur und machen Sie daraus eine Tradition, die Sie pflegen. Eine Gewohnheit, die Sie in Ihr Leben einbauen. Geben Sie sich selbst die Wertschätzung und Zuneigung, die Sie brauchen und auf die

Sie schon so lange gewartet haben. Das kann durchaus ein lebenslanges Projekt sein, an dem Sie täglich mit großem Vergnügen arbeiten.

Wie Sie sich genau wertschätzen und lieben, hängt von Ihren Bedürfnissen ab. Ich kann Ihnen hier nur ein paar Denkanstöße mit auf den Weg geben. Es sind kleine Inspirationen, die Sie in Ihrem Alltag ausprobieren können.

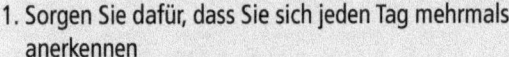

Selbstbehauptungsstrategie:
Die tägliche Pflege Ihrer Selbstachtung

1. Sorgen Sie dafür, dass Sie sich jeden Tag mehrmals anerkennen

Loben Sie sich, und klopfen Sie sich auf die Schulter. Nicht nur für eine spezielle Leistung, sondern auch dafür, dass Sie da sind. Dafür, dass Sie alle diese Erfahrungen machen, die wir Leben nennen. Wenn Ihnen das anfangs schwerfällt, dann stellen Sie sich selbst folgende Frage: Was würde jemand zu mir sagen, der mich bedingungslos liebt? Genau das sagen Sie sich selbst. Reden Sie mit sich selbst wie mit einem geliebten Menschen. Immer wieder. In allen Variationen.

2. Lassen Sie sich täglich große und kleine Liebenswürdigkeiten zukommen

Machen Sie eine Liste zu folgender Frage: Welche großen und kleinen Liebenswürdigkeiten würde ich von jemandem bekommen, der mich bedingungslos liebt? Jemand, der Sie liebt, würde vielleicht dafür sorgen, dass Sie täglich eine schöne Blume bekommen oder dass Sie Ihre Lieblingsmusik hören können und dass Sie etwas zum Lachen finden. Eben all die Dinge, die Zuneigung und Fürsorge ausdrücken. Richtig, das tun Sie für sich selbst.

3. Verdoppeln Sie Ihre Selbstliebe, wenn Sie im Stress sind

Immer wenn Sie sich gestresst fühlen oder einen Misserfolg erlebt haben, brauchen Sie eine Extraportion Zuneigung. Finden Sie einen Weg, wie Sie sich gut behandeln können, wenn es mal schwierig wird. Wie wäre es mit diesen Ideen: Werfen Sie Ihrem Spiegelbild Luftküsschen zu, wenn Sie es eilig haben. Schenken Sie sich einen dicken Blumenstrauß, nachdem Sie einen Reinfall erlebt haben. Schreiben Sie einen langen Liebesbrief an sich selbst, wenn Sie einen Verlust erlitten haben. Gönnen Sie sich alle, wirklich alle Ihre Gefühle, und lieben Sie jede Regung Ihrer Seele und Ihres Körpers.

4. Seien Sie gnädig mit Ihrem inneren Kritiker

Schließen Sie Ihren inneren Kritiker in Ihre Arme. Er gehört zu Ihnen und der Ärmste kann einfach nicht anders. Er ist so geprägt worden. Er weiß nicht, dass Sie eine Kostbarkeit sind und er wird es wahrscheinlich nie glauben. Muss er auch nicht, denn Sie wissen es. Und das reicht völlig.

Ein vollständiges Ja zu sich selbst

Über die Liebe zu sich selbst lässt sich wunderbar schreiben und reden. Im Alltag aber ist diese Selbstliebe eine echte Herausforderung. Sich selbst von ganzem Herzen gern zu haben ist komplett anders als das, was man uns früher beigebracht hat. Und auch anders als das, was man so durchschnittlich für normal und vernünftig hält.

Sich selbst zu lieben heißt, vollständig Ja zu sich sagen. Ein Ja zu jeder Facette der eigenen Persönlichkeit, auch zu dem, was wir manchmal Macke oder Schwäche nennen. Das bedeutet, vollkommen einverstanden mit sich selbst zu sein.

Einverstanden zu sein mit jeder Laune, jedem Gefühl und jedem Bedürfnis. Viele von uns haben das früher nicht gelernt. Aber das lässt sich ändern.

Sie fördern Ihre Liebe zu sich selbst,

... wenn Sie sich selbst verwöhnen und umsorgen,

... indem Sie sich von zu hohen Ansprüchen befreien,

... indem Sie alles zurückweisen, was Sie verletzt, quält oder herabsetzt,

... wenn Sie würdevoll und respektabel auftreten,

... wenn Sie alle Ihre Gefühle wertschätzen und ihnen erlauben, da zu sein,

... wenn Sie sich Ihren eigenen Wünschen und Bedürfnissen zuwenden, statt immer nur zu schauen, was andere Leute von Ihnen erwarten und brauchen,

... indem Sie mit sich selbst einverstanden sind, besonders auch bei Misserfolgen, Niederlagen und Pannen,

... indem Sie Ihr eigenes Leben gestalten, statt es immer nur anderen Leuten recht machen zu wollen.

Sich selbst zu lieben ist keine Angelegenheit, mit der man irgendwann fertig ist oder etwas, was sich später, wenn man älter ist, erledigt hat. Es ist eine ständige Entwicklung. Dazu gehört, dass Sie erkennen, was für Sie passend ist. Und wo Sie sich noch für etwas einspannen lassen, was Sie nicht mögen. Diese Altlasten werden Ihnen immer deutlicher auffallen und mithilfe dieser fünf Selbstbehauptungsstrategien können Sie sich daraus befreien.

Aus der Liebe zu sich selbst entsteht ein liebevoller Kontakt zu anderen Menschen.

Mit der Zeit merken Sie, dass Ihre Selbstliebe Sie mehr mit anderen Menschen verbindet. Der liebevolle Kontakt, den Sie zu sich selbst haben, schwappt auf Ihre Mitmenschen über.

Was Sie sich selbst nicht übel nehmen, können Sie auch anderen eher verzeihen. Und wo Sie sich selbst respektieren, gehen Sie auch respektvoll mit anderen um.

Ich erinnere mich an eine Teilnehmerin, die an dieser Stelle einmal Folgendes sagte:

»Von einer Sache bin ich fest überzeugt. Alle meine Krisen und Probleme waren nur eine große Botschaft, die mir das Leben geschickt hat. Und diese Botschaft lautete immer: Lerne, dich selbst zu lieben. Das ist das Wichtigste.«

Schlusswort

Wenn ich Sie im Alltag bei Ihrer Selbstbehauptung begleiten könnte, würde ich darauf achten, dass Sie nicht zu viel von sich verlangen. Gehen Sie in kleinen Schritten vor. Fangen Sie immer mit dem an, was Ihnen leichtfällt und auch Spaß macht. Und halten Sie Ihren inneren Kritiker da raus. Lassen Sie sich niemals von diesem Burschen coachen.

Auch bei der Selbstbehauptung gilt der Grundsatz: Ansprüche runterschrauben und die Messlatte so tief legen, dass Sie bequem darübersteigen können.

Einen letzten Tipp möchte ich Ihnen noch mit auf den Weg geben: Fixieren Sie sich nicht nur auf den Erfolg. Denn wenn Sie nur danach schauen, ob Sie sich durchgesetzt haben oder nicht, verlieren Sie etwas sehr Wichtiges aus den Augen: die Tatsache, dass Sie üben. Klar ist es toll, wenn Sie das erreichen, was Sie wollen. Aber wenn nicht, war es trotzdem ein Gewinn für Sie. Sie haben Ihren Mut zusammengenommen und die Sache angepackt. Sie machten das so gut, wie es Ihnen zu diesem Zeitpunkt möglich war. Sie haben es ausprobiert. Das allein verdient es, gefeiert zu werden. Also her mit den Blumen und einen kräftigen Applaus für Sie.

Ich wünsche Ihnen von Herzen alles Liebe. Lassen Sie es sich gut gehen.

Literatur

Andreas, Steve: *Transformationen des Selbst. Werde, wer du bist!* NLP Fachbuch. Paderborn 2004

Berckhan, Barbara: *Die etwas gelassenere Art, sich durchzusetzen. Ein Selbstbehauptungstraining für Frauen.* München 2002, 19. Aufl. (TB: München 2004)

Berckhan, Barbara: *Die etwas intelligentere Art, sich gegen dumme Sprüche zu wehren. Selbstverteidigung mit Worten.* München 2002, 15. Aufl. (TB: München 2003)

Berckhan, Barbara: *So bin ich unverwundbar. Sechs Strategien, souverän mit Ärger und Kritik umzugehen.* München 2002, 7. Aufl. (TB: München 2003)

Berckhan, Barbara: *Schluss mit der Anstrengung! Ein Reiseführer in die Mühelosigkeit.* München 2002, 2. Aufl.

Berckhan, Barbara: *Lieber das Blatt wenden als dauernd im Frust enden. Die Strategie für den persönlichen Aufschwung.* München 2004, 2. Aufl. (TB: München 2005)

Field, Lynda: *Der Weg zu gutem Selbstwertgefühl. Eine Anleitung zu persönlichem Wachstum.* Paderborn 1998

Filliozat, Isabelle: *Sei, wie du fühlst. Mit Emotionen besser leben. Ein Praxisbuch.* München 2004

Ford, Debbie: *Die dunkle Seite der Lichtjäger. Kreativität und positive Energie durch die Arbeit am eigenen Schatten.* München 1999

Forward, Susan; Frazier, Donna: *Emotionale Erpressung. Wenn andere mit Gefühlen drohen.* München 2000

Hall, L. Michael: *Der Sieg über den Drachen – Königswege zum Selbst-Management. Angewandtes NLP.* Paderborn 1999

Hinsch, Rüdiger; Wittmann, Simone: *Soziale Kompetenz kann man lernen.* Weinheim, Basel, Berlin 2003

Huber, Cheri: *Nichts an dir ist verkehrt. Ungewöhnliche Wege zur Selbstakzeptanz.* München 2004, 2. Aufl.

Isaacs, William: *Dialog als Kunst gemeinsam zu denken. Die neue Kommunikationskultur für Unternehmen.* Bergisch Gladbach 2001

Jeffers, Susan: *Selbstvertrauen gewinnen. Die Angst vor der Angst verlieren.* München 2005, 5. Aufl.

Jäger, Renate: *Der Mut zum Nein. Vom Umgang mit Grenzen.* Düsseldorf 2001

Lerner, Harriet: *Magie der Worte. Vom gegeneinander Schweigen zum miteinander Reden.* Frankfurt am Main 2002

Louden, Jennifer: *Tu dir gut! Das Wohlfühlbuch für Frauen.* Freiburg im Breisgau 1995

Schulz von Thun, Friedemann: *Miteinander reden 3. Das »innere Team« und situationsgerechte Kommunikation.* Reinbek bei Hamburg 2005, 14. Aufl.

Schulz von Thun, Friedemann: *Klarkommen mit sich selbst und anderen: Kommunikation und soziale Kompetenz. Reden, Aufsätze, Dialoge.* Reinbek bei Hamburg 2004, 2. Aufl.

Segal, Jeanne: *Fühlen will gelernt sein. Ein Praxisbuch zur Entwicklung emotionaler Intelligenz.* München 1997

Stone, Douglas; Patton, Bruce; Heen, Sheila: *Offen gesagt! Erfolgreich schwierige Gespräche meistern.* München 2001

Tannen, Deborah: *Lass uns richtig streiten. Warum Frauen immer widersprechen und Männer nur sich selbst zuhören.* München 2004

Register

Unsere Leseempfehlung

208 Seiten

Gelassenheit ist das Programm der Stunde, wenn es darum geht, mit schwierigen Vorgesetzten oder Mitarbeitern, pubertierenden Kindern, komplizierten Eltern oder anstrengenden Mitmenschen umzugehen. Denn sie hilft, den Überblick zu behalten, gute Entscheidungen zu treffen – und: gesund zu bleiben. Managementtrainerin Sabine Asgodom gibt 12 Schlüssel an die Hand, die den Weg öffnen, um in jeder Situation gelassen zu agieren.